クラスを最高の雰囲気にする！

目的別 学級&授業アイスブレイク50

たった5分でアクティブ・ラーニングを盛り上げる！

赤坂真二 編著
AKASAKA SHINJI

明治図書

はじめに

　新学習指導要領の改訂に向けた動きの中で，様々なキーワードが注目を浴びましたが，その最たるものがアクティブ・ラーニングでしょう。アクティブ・ラーニングは単なる交流型，活動型の学習ではありません。しかし，目的を達成するために，子ども同士の交流や活動が行われます。そのときに重要になってくるのが「雰囲気づくり」です。

　みなさんも研修会や会議などに参加して，いきなり「では，ご意見ありませんか」と言われたらどうでしょう。恐らく，発言する人は，限られた人となることでしょう。また，「では，近くの方と意見を交換してみましょう」と言われたらどうでしょう。ある程度社会的に，また，職業的に訓練されたみなさんなら，それなりにその時間を過ごすことができるでしょうが，中には，「え？いきなりですか…」とか「ちょっと，私はそういうの苦手なんですけど…」と戸惑う方がいても不思議はありません。

　実際に，教師の集まる研修会でも，交流型や活動型が苦手だという人はけっこういます。子どもたちは尚更です。子どもたちがみんな，かかわることや活動することが好きだとは限りません。中には，苦手意識をもっていたり興味のなかったりする子がいるのは当然のことです。しかし，アクティブ・ラーニングの視点でつくる授業では，全ての子どもたちが交流や活動を通して学ぶように設計していくことになります。

　そんなときに，アイスブレイクとなるような「準備運動」的な活動が入ると随分，気持ちが楽になります。アイスブレイクとは，文字通り，「氷を砕く」ように人と人との出会いにおける硬さや緊張感のある雰囲気をほぐすことです。雰囲気は，私たちの行動に大きな影響力をもっています。知らず知らずに場に応じた行動をするものです。話しやすい雰囲気やかかわりやすい雰囲気ができると，授業にすんなり入っていけるものです。

　本書には，交流や活動に積極的な子もそうでない子も自然に取り組めるような雰囲気をつくるアクティビティが50例紹介されています。交流型や活動型の学習に入るときに，これらを実施することで5分程度の短時間で，学習の場を柔らかな前向きな雰囲気にします。しかも，クラスの成長段階に合わせて，目的別に実施できるようになっています。示した5つの雰囲気は，それが上の段階になればなるほど，子どもたちの主体性がより引き出されるようになっています。つまり，学習としての能動性が高まるわけです。

　本書を活用するときは，まず，最初の理論編からお読みください。アクティブ・ラーニングの目指すところや，それぞれのアクティビティの効果を引き出すための基本的な考え方が示してあります。考え方が道具の力を最大限に引き出します。本書がみなさんの授業の活性化に役立つことを確信しております。

2017年2月

赤坂真二

本書の使い方

① 対象学年・時間・準備物
実施するのに望ましい学年，実施するための目安となる時間や準備する物を示しています。本書は小学校・中学校での使用を考えています（全学年＝小１～中３，３年生＝小３）。

② ねらい
ねらいとする雰囲気です。アクティビティは，ねらいを達成する通り道です。同じような活動でも違ったねらいで実施することで違ったものになります。

③ アクティビティの概要
活動の大体の様子を示しました。実施する前に活動の全体像とそれによって生み出される雰囲気を想像してみてください。

④ 進め方
掲載例はサンプルです。学級の実態に合わせて，アレンジしてください（いくつかのアクティビティにはアレンジの例が示してあります）。

⑤ 雰囲気づくりのポイント
ねらいとする雰囲気をつくるためには，実施中の教師の働きかけ方が重要な鍵を握ります。個々に示すポイントを外さないようにやってみてください。

⑥ 評価のポイント
活動が単なる遊びで終わらず，子どもたちに学びをもたらすためには，評価の仕方がとても大事です。子どもたちの適切な姿をどこで見取り，どのようにフィードバックするかを示しました。

⑦ 日常化のポイント
活動がその場限りのものにならないように，活動で得た学びを学級の日常に活かすポイントを示しました。日常化がうまくいくと学級の雰囲気が変わってくるでしょう。

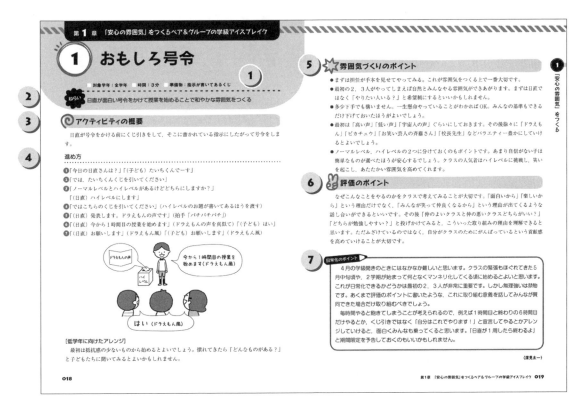

目次

はじめに……………………………………………………………………………… 002
本書の使い方………………………………………………………………………… 003

序章　学級アイスブレイクでクラスを最高のALの雰囲気にする！

1. アクティブ・ラーニングとは？ ……………………………………………… 007
2. 単なる交流型・活動型の学習に非ず ………………………………………… 008
3. 社会人に必要な力 ……………………………………………………………… 011
4. チームの発達と雰囲気 ………………………………………………………… 013
5. アクティブ・ラーニングを成功させる戦略 ………………………………… 016

第1章　「安心の雰囲気」をつくるペア＆グループの学級アイスブレイク

① おもしろ号令（全学年）………………………………………………………… 018
② じゃんけんシット（全学年）…………………………………………………… 020
③ 拍手リレー（全学年）…………………………………………………………… 022
④ となりのあの子は応援団（全学年）…………………………………………… 024
⑤ 反対でやってみました（全学年）……………………………………………… 026
⑥ ヌマアスゲーム（1〜3年生）………………………………………………… 028
⑦ みんなで集めろ！コインゲーム！（3年生以上）…………………………… 030
⑧ 魔法のじゅうたん（4年生以上）……………………………………………… 032
⑨ 3と5パッチンゲーム（4年生以上）………………………………………… 034
⑩ ドット＆ボックスゲーム（4年生以上）……………………………………… 036

第2章 「かかわろうとする雰囲気」をつくるペア&グループの学級アイスブレイク

- ⑪ 「あ」の百面相（全学年）……………………………………… 038
- ⑫ だれのタッチ（全学年）……………………………………… 040
- ⑬ 答えはこの中に！！（全学年）……………………………… 042
- ⑭ 一番長い言葉を探せ！（4年生以上）……………………… 044
- ⑮ 四つの部屋トーク（4年生以上）…………………………… 046
- ⑯ チェンジ THE ワード（4年生以上）……………………… 048
- ⑰ 何でもかんでも共通点探し（4年生以上）………………… 050
- ⑱ コラボアート（4年生以上）………………………………… 052
- ⑲ コラボストーリー（4年生以上）…………………………… 054
- ⑳ 神様！ヘルプ！！（4年生以上）…………………………… 056

第3章 「ルールやマナーを守る雰囲気」を高めるペア&グループの学級アイスブレイク

- ㉑ 覚えて！間違い探し！（1～3年生）……………………… 058
- ㉒ 名探偵！キーワードを探せ！（1～3年生）……………… 060
- ㉓ ジグザグしりとり（1～3年生）…………………………… 062
- ㉔ 力を合わせて漢字パズル（3年生以上）…………………… 064
- ㉕ テレパシー〇〇（4年生以上）……………………………… 066
- ㉖ なりきり記者！！インタビュー形式でふり返り（4年生以上）…… 068
- ㉗ 伝言ゲーム式！3ヒントクイズ（4年生以上）…………… 070
- ㉘ お話かくれんぼ（4年生以上）……………………………… 072
- ㉙ つないで つないで ショートストーリー（4年生以上）…… 074
- ㉚ クイック Q & A（5年生以上）……………………………… 076

第4章 「あたたかな結びつきの雰囲気」を高めるペア&グループの学級アイスブレイク

- ㉛ お別れスキップオニ（全学年） ……………………………… 078
- ㉜ リズム de ○○（全学年） …………………………………… 080
- ㉝ ピタリでハイタッチ（1〜3年生） …………………………… 082
- ㉞ 計算ポイントじゃんけん（4年生以上） …………………… 084
- ㉟ つないでお話リレー（4年生以上） ………………………… 086
- ㊱ わたしは○○でしょう（4年生以上） ……………………… 088
- ㊲ ペア de 作図ラリー（4年生以上） ………………………… 090
- ㊳ おしゃべりナイスバディ（4年生以上） …………………… 092
- ㊴ 何人ビンゴ〜！（4年生以上） ……………………………… 094
- ㊵ 消しゴムゲットだぜ！（4年生以上） ……………………… 096

第5章 「自分たちで問題を解決する雰囲気」をつくるペア&グループの学級アイスブレイク

- ㊶ よい出しサークル！（全学年） ……………………………… 098
- ㊷ 全員が鬼サバイバル！（全学年） …………………………… 100
- ㊸ あー階段チャレンジ（全学年） ……………………………… 102
- ㊹ 質問！都道府県当てゲーム（3年生以上） ………………… 104
- ㊺ 自分たちだけでできる!?学習定着チェック！！（4年生以上） …… 106
- ㊻ グループ対抗！理科クイズ（4年生以上） ………………… 108
- ㊼ 漢字 de スタート（4年生以上） …………………………… 110
- ㊽ 間違いはど〜こだ（4年生以上） …………………………… 112
- ㊾ ミッション音読（4年生以上） ……………………………… 114
- ㊿ マッチングゲーム（4年生以上） …………………………… 116

- おわりに …………………………………………………………… 118
- 執筆者一覧 ………………………………………………………… 119

〔序章〕学級アイスブレイクでクラスを最高のALの雰囲気にする！

1 アクティブ・ラーニングとは？

　学習指導要領の改訂に向けて，一躍脚光を浴びたアクティブ・ラーニングですが，議論が錯綜しているうちによく実態がわからなくなってきたところもあろうかと思いますので再度ここでそれが何ものなのか確認しておきましょう。

> 　教員による一方向的な講義形式の教育とは異なり，学修者の能動的な学修への参加を取り入れた教授・学習法の総称。学修者が能動的に学修することによって，認知的，倫理的，社会的能力，教養，知識，経験を含めた汎用的能力の育成を図る。発見学習，問題解決学習，体験学習，調査学習等が含まれるが，教室内でのグループ・ディスカッション，ディベート，グループ・ワーク等も有効なアクティブ・ラーニングの方法である。
>
> (「新たな未来を築くための大学教育の質的転換に向けて〜生涯学び続け，主体的に考える力を育成する大学へ〜(答申)」平成24年8月28日中央教育審議会「用語集」より)

　このように政策的に定義されました。その後，「能動的な学び」や「主体的・協働的な学び」という略称が流通する中で，この緩やかな縛りによって，一斉講義型の授業でなければとりあえず「何でもあり」の様相を呈しました。また，これが考え方であるのか，また，方法論であるのかも議論が右往左往していました。

　しかし，「幼稚園，小学校，中学校，高等学校及び特別支援学校の学習指導要領等の改善及び必要な方策等について（答申）」（平成28年12月21日中央教育審議会）（以下，「答申」）において，

> 「主体的・対話的で深い学び」の実現に向けて，日々の授業を改善していくための視点を共有し，授業改善に向けた取組を活性化していくことが重要である。

と示されたように，学びの質を高めるための授業改善の視点ということに落ち着きました。また，同時に「特定の指導方法のことでも，学校教育における教員の意図性を否定することでもない」（「答申」）と言いますから，これをやればアクティブ・ラーニングという決まった方法論があるわけでもなく，また同時に，子どもたちを自由に学習させておくことでもないようです。

2 単なる交流型・活動型の学習に非ず

　では，アクティブ・ラーニングをアクティブ・ラーニングたらしめるものは何なのでしょうか。それを理解するためには，新学習指導要領の目指す，学力観を理解する必要があります。なぜならば，アクティブ・ラーニングはそれ単独で出てきた話ではなくて，達成したい学力を実現するための有力な道筋の一つとして出てきたものだからです。新学習指導要領における学力観を図1のように示してみました。

　「答申」には，わが国の子どもたちの課題として次のことが示されています。

> 　学ぶことと自分の人生や社会とのつながりを実感しながら，自らの能力を引き出し，学習したことを活用して，生活や社会の中で出会う課題の解決に主体的に生かしていくという面から見た学力には，課題があることが分かる。

　わが国の子どもたちは，PISAなどの国際的な学力調査で確かに，上位に位置しています。しかも1億人以上の規模の国で長期間にわたって高い学力水準を維持してきたのです。ところ

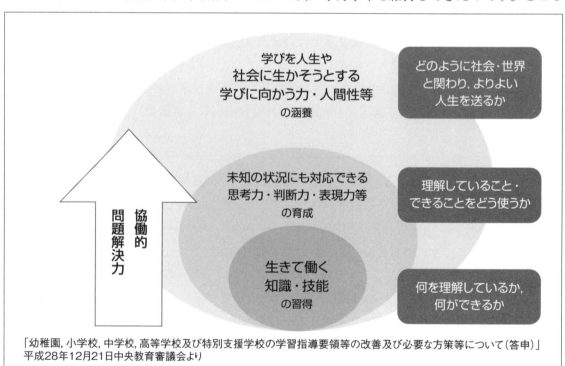

図1　新学習指導要領における学力観（筆者作成）

が，その学んだことを資源にして世の中に貢献しようとか，よりよい社会をつくっていこうとか，また，自らの生活をよりよく改善していこうとする姿勢に欠けているのではという指摘なのです。つまり，わが国の子どもたちは，

> 学力は高いが，実力に難あり

ということなのです。その姿はときに，使う当てのないお金を大量に貯め込んでいる銀行のように見えます。子どもたちが瑞々しいエネルギーの多くを費やして，貯め込んだ学習内容は，子どもたちの幸せやよりよい社会の実現に資することはなく，そのほとんどが学歴を獲得するための，「受験」に費やされます。

そこら辺のことを「答申」は次のように指摘します。

> 　解き方があらかじめ定まった問題を効率的に解いたり，定められた手続を効率的にこなしたりすることにとどまらず，直面する様々な変化を柔軟に受け止め，感性を豊かに働かせながら，どのような未来を創っていくのか，どのように社会や人生をよりよいものにしていくのかを考え，主体的に学び続けて自ら能力を引き出し，自分なりに試行錯誤したり，多様な他者と協働したりして，新たな価値を生み出していくために必要な力を身に付け，子供たち一人一人が，予測できない変化に受け身で対処するのではなく，主体的に向き合って関わり合い，その過程を通して，自らの可能性を発揮し，よりよい社会と幸福な人生の創り手となっていけるようにすることが重要である。

これからは人口減少と高齢化によって社会構造が激変することは，いろいろなところで指摘される通りです。この変化に主体的にかかわっていくことが求められる状況において，1日中，仲間の後ろ頭と黒板を眺めながら，黒板に書かれたことを丸写しして，一部のクラスメートの発言をうんうんと頷きながら，または，黙って聞きながら，1時間に一度も話し合うこともなく，ひたすら教科書に書かれた内容を覚え込むような学習をしていて大丈夫ですか？と言っているのです。

また，一方で，先進的に交流型，活動型の授業に取り組んでいた教師もいます。しかし，その教室で必ずしも意欲的に仲間とかかわりながら課題を解決する姿が見られたわけではありません。全てとは言いませんが，そうした教室で，交流や活動の形骸化が見られ，ダラダラとかかわっていたり，楽しくやっているようだけど，学びがない，力が付かなかったりする事態も発生しているようです。

新指導要領が実現を目指す学力は，これまでわが国が得意としてきた「知識・技能」の習得に留まるのではなく，また，ペーパーテスト上の「思考力・判断力・表現力」でもなく，それ

が,「学びを人生や社会に生かそうとする学びに向かう力・人間性」につながるようなものになっていく必要があるのです。

したがって,ただ,単に交流していることや活動していることがアクティブ・ラーニングなのではなく,そこに,主体的に学習の意味を自覚した子どもたちが,力を合わせて（協働的に）,問題解決をしてる姿が見られたときに,それは,アクティブ・ラーニングを実現してると言えるのです。

アクティブ・ラーニングは,学校という閉じられた社会で成功する子どもたちを育てるものではありません。社会で活躍し自己実現できる子どもたちを育てる

キャリア教育の道筋

なのです。これまで,小学校は完成された小学生を育てることを,中学校は完成された中学生を育てることを志向していたように思います。小学校の教師だった頃,よく卒業式の呼びかけで,卒業生たちが「立派な中学生になります！」と声を揃えて言ってるのを耳にしました。もちろん,これは子どもたちの叫びではありません。呼びかけの言葉を考えた,教師たちのものです。しかし,世間はその宣言を何の違和感もなく,感動をもって「聞き流して」きました。

高度経済成長期のように放っておいても世の中がよくなっていくように感じた時代は,これでよかったのかもしれません。その時代の教育は,小,中,高,大と各学校段階における学習内容を伝えることに成功すればよかったのです。学習内容をしっかり身に付ければ,その学校段階では成功者になれました。今まで,あまりにも各学校段階が,

社会人を育てることに無頓着だった

と言わざるをえません。問題は今もその体質を引きずっていることです。しかし,これからはそうはいきません。卒業式に,「立派な社会人になります！」と別に宣言させなくてもけっこうですが,少なくともそうした意識をもった子どもたちを育てていくことが必要な時代となってきました。

3 社会人に必要な力

　新学習指導要領が,「社会に開かれた教育課程」を目指しているということは,社会で活躍できる力を子どもたちを育てたいという願いの現れです。それでは,社会人に求められる力とは何なのでしょうか。

　経済産業省が「社会人基礎力」という概念を打ち出しています。社会人基礎力とは,次のような能力です[*1]。

> 　「社会人基礎力」とは,「前に踏み出す力」,「考え抜く力」,「チームで働く力」の３つの能力（12の能力要素）から構成されており,「職場や地域社会で多様な人々と仕事をしていくために必要な基礎的な力」として,経済産業省が2006年から提唱しています。企業や若者を取り巻く環境変化により,「基礎学力」「専門知識」に加え,それらをうまく活用していくための「社会人基礎力」を意識的に育成していくことが今まで以上に重要となってきています。

　社会は,学習指導要領よりも少し早く「実力」を求めていたようです。学力や専門的知識だけでは,どうにもならない現状が多々生まれていたということでしょう。この３つの能力の中で,優先順位の高いものは何でしょうか。本書で注目するのが「チームで働く力」です。もちろん,「前に踏み出す力」や「考え抜く力」が必要ないわけではありません。しかし,これから子どもたちが直面する課題は,現在の大人や社会が解決できていない課題です。それをたった１人の能力で何とかできると想定する方がナンセンスです。チームで叡智を結集し,解決に当たることが求められます。「前に踏み出す力」も「考え抜く力」も,「チームで働く力」があってこそ機能する能力だと言えます。

　これを高校や大学などの

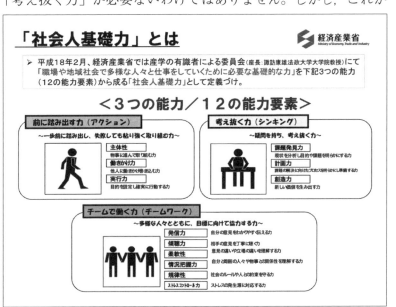

出口のところだけで学ばせようというのが無理なのです。「チームで働く力は」は、6つの下位の能力に別れています[*2]。

発信力	自分の意見をわかりやすく伝える力
傾聴力	相手の意見を丁寧に聴く力
柔軟性	意見の違いや立場の違いを理解する力
情況把握力	自分と周囲の人々との関係性を理解する力
規律性	社会のルールや人との約束を守る力
ストレスコントロール力	ストレスの発生源に対応する力

　上記を見ればわかる通り，これらは気質や性格的な特性を含む非認知能力にかかわることなので，育成には時間がかかります[*3]。子どもの頃から，時間をかけてじっくり育てるべきものです。

　また，企業の人材開発プログラムの設計，導入に携わる清宮普美代氏は，「誰かが確実な答えをもっている時代は終わり，私たちが直面しているのは，正解がない時代に，全員でこれが"最適だ"と思える"最適解"を探していく道のりです。そして，みんなでつむぎだす"最適解"は，常に変化するものです。そしてその"最適解"を生み出すのが「チーム脳」なのです」と言い，正解のない時代においては，協働で問題解決することの今日性を指摘します[*4]。

　組織化された社会の中で，子どもたちは何らかの組織の一員として生きていきます。組織の中で自己実現できる力は，これから重要な「生きる力」として指摘できます。これからの子どもたちに必要なものは数々あるでしょうが，その中でも

チーム体験は「生きる力」として不可欠

だと言えるのです。

　アクティブ・ラーニングは，学習課題の解決に向けたチーム体験そのものです。そう考えれば，アクティブ・ラーニングをキャリア教育の道筋として理解しやすいことでしょう。

4 チームの発達と雰囲気

　チーム体験が大事だからと言って，闇雲にチーム体験をすればいいというものではありません。子どもたちにとってそれが適切に認識されなければ，生きる力とはなりません。チームになることにマイナスの感情をもってしまうと，社会に出たときにチームになることを恐れるようになるかもしれません。また，一方で，安易な期待をさせるのもよくないことです。楽ではないかもしれないが，なかなかよいものでもあり，必要なことでもあるという「ほどよい」認識をもたせたいものです。もっとも，大事なのは，

> 試行錯誤の末の成功体験

です。

　課題解決に向かってうまくいくこともあれば，うまくいかないこともあった，しかし，「諦めずに続けることによって得るものがあった」という体験を発達段階に応じて積むことによって，子どもたちはリアルなチームを体験することでしょう。そのためには，チーム体験の全体像を指導者である教師が知っておく必要があります。全体像がわからない状態で，チーム体験を指導することは困難です。目標設定ができないからです。スタートからゴールまでがわかるから，クラスの現在を把握することができ，目的地を設定できるわけです。

　心理学者の本間道子氏は，ブルース・タックマンが提唱した，組織づくりのモデルを使って，チームにも発達段階があると指摘します*5。

　形成期は，組織が結成された最初の段階であり，メンバーが初めて集まり，組織の在り方や目標などを模索している段階です。怒濤期は，組織の在り方や目標などを巡って混乱や意見の対立などが生じる段階です。規範期は，チームとしての見解が共有されて関係性が安定する段階です。役割分担や協調が生まれ，行動様式の規範が確立します。遂行期は，チームが成熟して十分に機能し，成果を挙げることができる段階です。

　みなさんのクラスをチームだとすると今，どのような段階でしょうか。子どもたちが互いの出方を探りながら，様子見をしているところですか。それとも，活動性が高まり，交流が進むと同時に，トラブルや対立などが起こっているのでしょうか。また，そうした時期を越えて，落ち着き，ルールなどが理解されてきているところでしょうか。それとも，自分たちの問題を自分たちで解決するような成熟したチームの様相を示しているでしょうか。

　チームの成長を促すための要因が，雰囲気です。「赤信号みんなで渡れば怖くない」の言葉に象徴されるように，雰囲気は，私たちの行動に大きな影響力をもちます。本書に示す5つの

段階の雰囲気は，学級のチームとしての成長に必要な雰囲気です*6*7。

安心の雰囲気

　子どもたちが行動を起こすには，まず最初に必要なものは安心感です。形成期には，子どもたちは不安です。このクラスにいても大丈夫だな，何かやっていけそうだなという漠然とした感覚でいいので，まず，安心感をつくることから子どもたちの交流が始まります。安心の雰囲気ができると，子どもたちが様子見から一歩を踏み出そうとします。

かかわろうとする雰囲気

　安心感が生まれると，子どもたちはまずつながれそうな人からつながろうとします。かかわろうする雰囲気は，その行動の背中を押します。しかし，まだ，それはクラス全体に広がるようなダイナミックなかかわりではありません。仲良しや気の合う者を探す行動です。

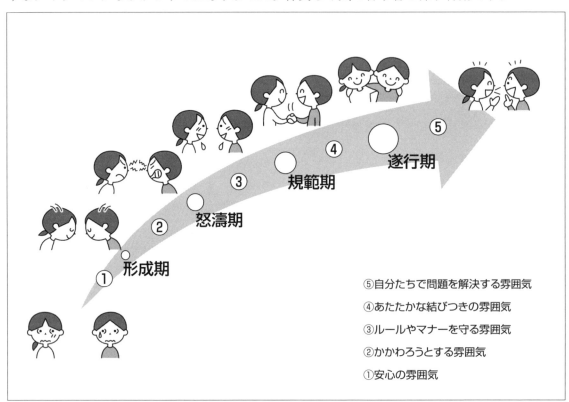

図2　チームの発達段階と雰囲気の概念図

ルールやマナーを守る雰囲気

　あちこちで交流が始まると，当然，ぶつかり合いや意見の対立も起きてきます。それが怒濤期です。そんなときに，互いのあり方に折り合いを付けるためのルールの存在を知らせたり，

そうしたルールを守っていこうとする働きかけが有効です。子どもたちもずっと対立しているのは嫌なので，ルールを守ろうとする試行錯誤が始まります。その時期を乗り越えると，規範期に入ります。チームづくりにとっては，ここをどう乗り越えるかが一つの勝負になることでしょう。

あたたかな結びつきの雰囲気

　ルールが定着していくのと同時進行で，子どもたちの交流を仲良しや気の合う者や座席の近い者同士の関係から，そうしたグループを越えたものに広げていきます。そこでは，親和的な関係や共感的な関係が生まれ，絆と呼べるようなつながりもできてきます。ここが，クラスとして大きく成長する段階です。クラスは遂行期に移行していきます。

自分たちで問題を解決する雰囲気

　チームとしては成熟期に入ります。子ども同士に信頼関係ができているので，それを基盤とした問題解決も成功してきます。そして，その自信がさらに互いへの信頼を築きます。ここで大事なことは，目標の共有と，協働によるその達成の経験値を上げることです。自分の意見をわかりやすく伝えたり，相手の意見を丁寧に聴いたり，意見の違いや立場の違いを理解したり，自分と周囲の人々との関係性を理解するなど，チーム体験の中で磨かれる生きる力を経験値を上げることを通して高めていきます。

5 アクティブ・ラーニングを成功させる戦略

　アクティブ・ラーニングは，両刃の剣です。機能すると，子どもたちの活動性が増し，学習意欲が高まり，結果的に学力も向上することでしょう。しかし，メリットばかりではありません。一斉指導では顕在化しなかった問題も浮上してきます。一斉指導では，教師の話術や指名の仕方，展開の工夫で「ごまかし」がきくからです。

　例えば，話し合いと称し，教師が指名した子どもたちに意見を言わせます。「なるほど，いい考えだね。それでは，今の意見と違う意見はないかな」と，教室を見回します。挙手がありません。そこで，「○○さんは，△△さんとは，違うことを書いていたよね。ちょっと発表してくれるかな」。こうした場面はよく見られることです。

　指導案には，「話し合い」と書いてありますが，子どもたちは話し合いなんかしていません。ただ，教師に指名されるままにしゃべっているだけです。教師の作ったシナリオの上で，言葉は悪いですが，出来の悪い「お芝居」をしているようなものです。例え，次々に手が上がったとしても，それは，教師に向かってしゃべっているだけです。子ども同士の「話し合い」とはほど遠い姿です。ましてや，「対話」ではありません。

　それに，そこで，発言しているのは一体クラスの何％の子どもたちでしょうか。30人居たら，どんなに「盛り上がった」としても，1時間に半数居れば上出来です。つまり，半分は黙っています。また，どれくらいしゃべったのでしょうか。せいぜい，ひと言ふた言ではないでしょうか。一斉指導の授業では，一部のおしゃべりの子がいれば，多くの子が学んだふりをすることができるのです。

　さらには，一斉指導の授業では，子ども同士の関係性は，顕在化しません。例え，うまくいっていなくてもそれは露見しません。子ども同士のコミュニケーションの間にいちいち教師が入り込んでるので，実際は，かかわっていないからです。だから，教師は授業が成り立っていると錯覚します。そして，「クラスはうまくいっている」と思い込むのです。しかし，教室のリアルは，そんなに甘いものではありません。子どもたちが，チームとなるためには，子ども同士が，本気でかかわり合うことが必要なのです。教師を媒介として，かかわったふりをして，うまくいっているふりをしているようではチーム体験にはならないのです。

　アクティブ・ラーニングが成功するためには，

> 子どもたちの参加度を上げ，揃えること

です。簡単に言うと，子どもたちの発話量を増やし，そして，それを可能な限り均等化するこ

とです。みなさんの職場において，会議で，いつも同じ人が長々としゃべっていたら，周囲のモチベーションはどうなりますか。予想するのは，難しくないですね。周囲の人は学びます。「自分は発言しなくてもいい」と。授業も一緒です。いつも同じ子がしゃべっていたら，それが同時に周囲の子のやる気を奪っているのです。高学年や中学生になってしゃべらなくなる子がいるのは当然なのです。自分がしゃべらなくていい授業ばかり経験してきたのですから。

しかし，30人を越えるようなクラスサイズだと，全員が一斉にしゃべり出したらそれこそ授業になりません。また，輪番発言や列指名にも限界があります。だからこそ，

ペアやグループなどの小集団の活用

するのです。発問をする，個人思考をした後に，ペアやグループで課題解決をすることによって，その時間は，全員が同時に学習することになりますから参加度を上げ，揃えることが可能です。

また，集団指導をする上でもペアやグループは効果的です。組織心理学の研究者マイケル・A・ウェストは，「7つのチームを監督するのは一人のリーダーでできますが，49人の監督をするには7人以上のリーダーが必要になります。つまりチームワーキングを広げると経営がコンパクトになります」と言います[8]。つまり，小集団を活用した方が，経営面での教師の負担は減るのです。ペアやグループを通して，伝えたいことを伝えた方がより効果的なのです。小集団の力を活用しない手はありません。

本書は，チームとしてのクラスの発達段階別に，育てるべき雰囲気を設定して10ずつ，計50の活動が紹介してあります。みなさんのクラスの発達段階に応じて活用できるはずです。各段階に応じて，ペアやグループの活動性や交流の量と質を高めることによって，みなさんのクラスが，アクティブ・ラーニングに向けてスタンバイされた状態になることでしょう。

【参考文献】
[1] 経済産業省ホームページ http://www.meti.go.jp/policy/kisoryoku/
平成18年2月，経済産業省では産学の有識者による委員会にて「職場や地域社会で多様な人々と仕事をしていくために必要な基礎的な力」を3つの能力（12の能力要素）から成る「社会人基礎力」として定義づけた。
[2] 前掲 [1]
[3] 中室牧子著『「学力」の経済学』ディスカヴァー・トゥエンティワン 2015年
ＩＱや学力テストで計測される認知能力とは違い，「忍耐力」「社会性がある」「意欲的である」といった，人間の気質や特性のようなもの指す。中室は，将来の年収，学歴や就業形態などの労働市場における成果にも大きく影響することが明らかになってきたと指摘する。
[4] 清宮普美代著『「チーム脳」のつくり方―成果を上げつづけるリーダーの仕事術』WAVE出版 2009年
[5] 本間道子著『集団行動の心理学 ダイナミックな社会関係のなかで』サイエンス社 2011年
[6] 赤坂真二編著『クラスを最高の雰囲気にする！目的別学級ゲーム＆ワーク50』明治図書 2015年
学級集団の成長段階に合わせて設定した目的別に，主に学級活動などで使える活動を50例紹介した。
[7] 赤坂真二編著『クラスを最高の雰囲気にする！目的別朝の会・帰りの会アクティビティ50』明治図書 2016年
朝の会や帰りの会で使える5分～10分で実施可能な，雰囲気づくりの活動を50例紹介した。
[8] マイケル・A・ウェスト著，下山晴彦監修，高橋美保訳『チームワークの心理学 エビデンスに基づいた実践へのヒント』東京大学出版会 2014年

〈赤坂真二〉

第 1 章 「安心の雰囲気」をつくるペア&グループの学級アイスブレイク

 おもしろ号令

■対象学年:全学年　■時間:3分　■準備物:指示が書いてあるくじ

 日直が面白い号令をかけて授業を始めることで和やかな雰囲気をつくる

アクティビティの概要

日直が号令をかける前にくじ引きをして,そこに書かれている指示にしたがって号令をします。

進め方

❶「今日の日直さんは?」「(子ども)たいちくんでーす」
❷「では,たいちくんくじを引いてください」
❸「ノーマルレベルとハイレベルがあるけどどちらにしますか?」
「(日直)ハイレベルにします」
❹「ではこちらのくじを引いてください」(ハイレベルのお題が書いてあるほうを渡す)
❺「(日直)発表します。ドラえもんの声です」(拍手「パチパチパチ」)
❻「(日直)今から1時間目の授業を始めます」(ドラえもんの声を真似て)「(子ども)はい」
❼「(日直)お願いします」(ドラえもん風)「(子ども)お願いします」(ドラえもん風)

[低学年に向けたアレンジ]

最初は抵抗感の少ないものから始めるとよいでしょう。慣れてきたら「どんなものがある?」と子どもたちに聞いてみるとよいかもしれません。

雰囲気づくりのポイント

- まずは担任が手本を見せてやってみる。これが雰囲気をつくる上で一番大切です。
- 最初の2,3人がやってしまえば自然とみんなやる雰囲気ができあがります。まずは日直ではなく「やりたい人いる？」と希望制にするといいかもしれません。
- 多少下手でも構いません。一生懸命やっていることがわかればOK。みんなの基準もできるだけ下げておいたほうがよいでしょう。
- 最初は「高い声」「低い声」「宇宙人の声」ぐらいにしておきます。その後徐々に「ドラえもん」「ピカチュウ」「お笑い芸人の斉藤さん」「校長先生」などバラエティー豊かにしていけるとよいでしょう。
- ノーマルレベル，ハイレベルの2つに分けておくのもポイントです。あまり自信がない子は簡単なものが選べたほうが安心するでしょう。クラスの人気者はハイレベルに挑戦し，笑いを起こし，あたたかい雰囲気を高めてくれます。

評価のポイント

なぜこんなことをやるのかをクラスで考えてみることが大切です。「面白いから」「楽しいから」という理由だけでなく，「みんなが笑って仲良くなるから」という理由が出てくるような話し合いができるといいです。その後「仲のよいクラスと仲の悪いクラスどちらがいい？」「どちらが勉強しやすい？」と投げかけてみると，こういった取り組みの理由を理解できると思います。ただふざけているのではなく，自分がクラスのためにがんばっているという貢献感を高めていけることが大切です。

日常化のポイント

4月の学級開きのときにはなかなか難しいと思います。クラスの緊張もほぐれてきた5月中旬頃や，2学期が始まって何となくマンネリ化してくる頃に始めるとよいと思います。これが日常化できるかどうかは最初の2,3人が非常に重要です。しかし無理強いは禁物です。あくまで評価のポイントに書いたような，これに取り組む意義を話してみんなが賛同できた場合だけ取り組むべきでしょう。

毎時間やると飽きてしまうことが考えられるので，例えば1時間目と終わりの6時間目だけやるとか，くじ引きではなく「自分はこれでやります！」と宣言してやるとかアレンジしていけると，面白くみんなも乗ってくると思います。「日直が1周したら終わるよ」と期間限定を予告しておくのもいいかもしれません。

〈深見太一〉

じゃんけんシット

■対象学年：全学年　■時間：1分　■準備物：なし

ねらい　友達と楽しくかかわり合い，教室内の雰囲気を明るくし，安心感をもたせる

アクティビティの概要

「生まれてから今日まで，一番多くやったゲームは何？」と聞かれたら，誰もが「じゃんけん」と答えるでしょう。シンプルで簡単なゲームゆえに，いつどこでも楽しめます。数多くあるじゃんけんの中でも，負けて笑顔になれるゲームがこの「じゃんけんシット」です。シットは，英語の"Sit down."（シットダウン）からきています。

クラスの雰囲気が重いとき，子どもたちの表情が浮かないとき，たった1分であたたかい雰囲気をつくり出す，単純明快なゲームです。

進め方

❶「全員起立！　隣同士向かい合います」
❷「今から何回もじゃんけんをします。ただし，普通のじゃんけんではありません。負けた人には過酷なお仕置きが待っています」「（子ども）え〜！」
❸「気をつけの状態でじゃんけんをして，負けた人は少しずつ膝を曲げていきます。そして，最終的にしゃがんだ状態になったり，転んでしまったりした人の負けです」
（前で例を示しながらやると，よりわかりやすくなる）
❹「じゃんけんに勝ったときも，膝を伸ばすことはできません。膝を曲げる具合は，その人のさじ加減なので，最初から曲げすぎないようにしてくださいね」
❺「さぁ，最後まで生き残るのはどちらか！　では，よーいスタート！」

[アレンジ]

　「じゃんけんシット」の姉妹版として,「じゃんけんオープン」があります。負けたときの動きが少し変わってきます。シットのように膝を曲げるのではなく,負けた人は開脚をしていきます。最終的に開脚できなくなった人の負けです。このオープンは,体が柔らかい子が圧倒的に有利ですが(ペタッと開脚できる子は,負けがありません),これもまた面白いです。

雰囲気づくりのポイント

- 「負けること＝悪いこと」という雰囲気をつくらないことが一番大切です。ゲーム中,教師は子どもたちの間を回り,膝を曲げながら耐えている子に対して,笑顔でエールを送りましょう。
- 子どもたちが必死にがんばっている様子が,面白おかしく見えてくるかもしれません。そのときは,教師自身も思いっきり笑いましょう。子どもたちと一緒に笑い合うことで,教室の雰囲気も一気に明るくなります。
- 慣れてきたら対戦相手を変えると,より一層盛り上がります。縦のペアで行ったり,グループで行ったりするのも面白いです。
- 負け続けて転んでしまった子に対して,サッカーの選手のように,そっと手を差し伸べて「大丈夫?」と声をかけられるように指導してもいいでしょう。相手を思いやる心をもつことで,よりクラスの雰囲気があたたかさに包まれます。

評価のポイント

　じゃんけんというと勝敗にこだわりがちですが,このゲームでは勝敗は関係ありません。このゲームを終えたときに,教師が「勝った人?　負けた人?」と聞くのではなく,「楽しくやれた人?」と聞けると,全員が笑顔で終えることができます。子どもたち自身があたたかい雰囲気になったと,実感させてあげるのが教師の大切な役目です。

日常化のポイント

　このゲームは,短時間でできるのが最大の魅力です。1分という短い時間で行うことができるので,いつでもどこでも誰とでもできます。ちょっと雰囲気の重い月曜日の朝や授業始まり,また授業を早く終えたときなど,毎日でも行うことが可能です。私のクラスでは,朝の会のメニューにも入っています。しかし,毎日同じ相手とじゃんけんするのは飽きるかもしれません。日常化させるためには,相手を変えたり,グループで行ったり,ルールをアレンジしながら刺激を与えることが必要です。

〈成田翔哉〉

拍手リレー

■対象学年：全学年　■時間：5分　■準備物：なし

拍手リレーを通じて，グループや学級の一体感を高め，安心して過ごせる仲間意識を育てる

アクティビティの概要

　号車やグループになって拍手でリレーをします。どのグループが1番速くリレーできたかを競ったり，〇秒ぴったりに合わせたりするゲームです。
　どうやって速くリレーするのかを考えたり，並び順を変えたりなど作戦を考える中でそれぞれ対話が生まれ，一体感が高まります。子どもたちは競い合って白熱しますが，お互いを称え合うことで仲間意識が生まれます。

進め方

❶「これから拍手リレーを始めます」
❷「1～3号車に並びましょう。並んだら座ります」（10人ぐらいを目安に）
❸「先頭から拍手をして，最後尾まで行ったらまた先頭に戻ります」
❹「先頭の人が最後の拍手をしたら全員座ってください。どの号車が1番早く座るかで勝負が決まります」

[アレンジ]
- 速さを求めたくない，人数が合わないなどの場合は，「ぴったり〇秒に合わせる」「5回拍手する」など，変化させて行えば十分できると思います。
- 立たせて行うことができない場合は，座席で行うことも可能です。

雰囲気づくりのポイント

- 拍手をする際に，周りを静かにさせることがポイントです。授業で静かに集中させたいときなど，このリレーを行って「シーン」とする雰囲気を体感しておくことで，一気に集中力も高まります。
- 勝ち負けをつける場合も，あまり勝ち負けにこだわらず，あくまでねらいにあるような「クラスの一体感を高める」意識をもたせましょう。
- 失敗してしまった子どもにはあたたかい言葉をかけられるように，安心できる雰囲気をつくっておきたいです。
- 1番速かったところをお手本として，クラスで見合いましょう。そこで全員で賞賛することで喜びを共有することができます。

評価のポイント

　スムーズにリレーできないときに，失敗してしまった子どもを責めるのではなく，励ましの声かけをしたり，次にどうすればいいのか相談したりしている号車やグループを賞賛するといいです。子どもたちが一つになるために協力している姿を評価しましょう。楽しいという気持ちだけで終わるのではなく，「クラスの一体感が高まったね」と価値付けていきましょう。

日常化のポイント

　号車やグループだけでなく，クラス全員で取り組むこともできます。大きな行事の前など，クラスの一体感を高めたいときに行うとよいでしょう。
　クラスで行った場合は，計ったタイムを記録しておき，過去の最速タイムを「クラス記録」として再び挑戦できます。
　席替えした後など，クラスの雰囲気が変わったときにおすすめです。仲のよい友達だけでなく，環境が変わることで普段あまりかかわらなかった子どもたちとかかわるきっかけになります。

〈加藤大輔〉

 **となりのあの子は応援団**

■対象学年：全学年　■時間：5〜10分　■準備物：記録をする用紙やノート

 成長の喜びを分ち合う機会をつくることで，和やかな結びつきや雰囲気をつくる

アクティビティの概要

　音読，フラッシュカード，100ます計算，漢字小テストなどの課題を授業の冒頭に取り組んでいる教師もいるのではないでしょうか。この取り組みは，その時間を活用して行います。

　「友達は喜びを2倍にし，悲しみを半分にする」と言われます。自分や友達の成長の喜びを分かち合い，共有することで子ども同士の心の結びつきを強くし安心感を育てる取り組みです。

進め方

❶まずは，取り組む課題を決めます。算数なら計算カードや100ます計算，国語なら「1分間でどれだけ間違えずに読むことができるか」といった音読や漢字ミニテスト，社会なら都道府県名の暗唱や地図記号クイズなどが最適です。制限時間があったり，はっきりと記録が出たりするものがいいです。

❷❶で決めた課題に取り組みます。課題に取り組んだ後，教師は「ペアの今日の記録を書きましょう」と言い，ノートなどに記録させます。

　このとき，自分の記録ではなく，ペアの子の記録を取らせます。ペアは隣の席の子のように，席の近い者同士で組ませた方が移動に時間をとられなくて済みます。

❸❶〜❷の流れを1週間ほど繰り返します。子どもたちの記録が伸びた頃を見計らって，教師は「今から記録の報告会をします。ペアの子の記録はどうなっているかな。伝えてあげましょう」と言います。

❹「ペアの記録が伸びていたら，拍手をおくりましょう」「ペアの記録が伸びていたら，ハイタッチをしよう」と言って，子どもたちに喜びを共有させます。

[アレンジ]

　課題そのものをペアやグループで行うものに設定することで，記録が伸びたときの喜びをより分かち合うことができます。ペアが出題者と解答者に分かれたり，交互に答えて言ったりするパターンがあります。これらは，スピードやテンポを相手に合わせなければ，よい記録を出すことはできません。その分，記録が伸びたときの喜びは大きくなります。

雰囲気づくりのポイント

- この取り組みのポイントは，自分の記録ではなく「ペアの子の記録をする」ということです。あえて，ペアの子の記録をさせることで，ペアの子に関心をもたせ，記録の変化に目を向けさせます。「自分の結果を記録したい」と子どもが言ってきた場合は，「ペアの子に見せてもらうといいよ」と促します。
- 「ペアの子の記録が伸びるように応援してあげよう」という気持ちで取り組むことを子どもたちに説明します。この活動のねらいは「記録を競い合うこと」ではなく，「喜びを共有すること」です。この目的を教師と子どもの両者が意識することがポイントです。順位にこだわる子がいた場合には，「競うべき相手は昨日の自分の記録だよ」と伝えます。
- 課題の設定もポイントです。繰り返し行うことで子どもたちの記録が伸びそうな課題が適しています。記録がなかなか伸びないと，この取り組みの効果があまり望めません。短い時間ですが，繰り返し行うことで子どもたちに定着させたい，基礎・基本的な内容が向いています。

評価のポイント

- 「すごいね」「これだけ記録が伸びているよ」「がんばったね」などの友達のがんばりを認める声かけをしている子やペアを教師は見つけほめます。ペアの子の記録に変化があると子どもたちは思わずそれを伝えたくなります。「先生，先生」と教師にまで報告する子が出てきます。
- 中には「間違いの分析」が始まったり，それについてのアドバイスが始まったりするグループもあります。その様子も「力を合わせてがんばろうとしているなんてすごい」とほめます。
- 自分の成長をともに喜んでくれる人がいることで，喜びが増したことを体感させたところで，友達のよさについて伝えます。

日常化のポイント

　記録の取り方や授業で取り組む課題を教科ごとに決めておきます。パターンを決めておくことで，やり方を何度も説明する必要がなく，スムーズに課題に取り組むことができます。

　また，課題をクラス全員で取り組むこともおすすめです。例えば，九九をリレー方式で順に言っていく「九九リレー」。1の段から9の段まで言うのに何秒かかるかを計測します。タイムが縮まったときにはクラス全体で喜びを共有できますし，最高記録が出たときには「やったー」の声が上がり，自然に拍手が起きて，最高に盛り上がります。

〈佐藤慎一〉

5 反対でやってみました

■対象学年：全学年　■時間：5〜10分　■準備物：紙と鉛筆

ねらい　笑いを共有することで，子どもたちの間に明るい雰囲気をつくりだす

アクティビティの概要

突然ですが，みなさんは「右利き」ですか？「左利き」ですか？

ちなみに私は字を書くのも箸を持つのもボールを投げるのも全部右利きです。普段，利き手で何気なくやれてしまっていることを反対の手でやってみると，なかなかうまくできません。動き自体がぎこちなくなり，不格好になってしまいます。

このゲームは利き手とは反対の手で字を書くことで「うまくできない」ことを笑いに変え，教室にあたたかな空気をつくり出してしまおうというものです。

進め方

❶「自分の名前をノートに書きます」
❷「次に，先生が『チェーンジ！』と言ったら，鉛筆を反対の手に持ち替えます。持ち替えたら，そのまま反対の手で自分の名前をもう一度書きます」
❸「うまく書けなくても気にする必要はありません。一生懸命書いてくださいね」
❹「3，2，1，チェーンジ！」
❺「（書き終わった頃を見計らって）書くのをやめます。書けた字をペアやグループで見合いましょう」
❻「思ったことや感想を伝え合いましょう。ただし，『下手だなぁ』などの言われた相手が傷つくことは言ってはいけません」
❼子ども同士で見せ合っているときは，教師も各グループを見て回りながらツッコミを入れたり感想を言ったりして，一緒に笑い合います。

[アレンジ]

子どもたちの中には，上手に書けてしまう子もいます。そんなときは，両手で同時に書かせたり左手と右手で違う文字を書かせたりと難易度を上げていくことで楽しめます。鏡文字やイラストにチャレンジさせるのも面白いです。

また，新出漢字を書かせると，子どもたちはドリルなどの手本をいつもよりもよく見て書きます。うまく書けない分，書き順や点の向きなどの細かなところにまで気を配って字を書くようになります。

雰囲気づくりのポイント

- 目的はうまく書くことではなく，不格好になってしまったものを見て「おかしいね」と笑い合うことです。教師が字の「上手い，下手」ではなく，子どもたちが「楽しんでいるかどうか」を見ることがポイントです。
- 子どもたちは上手に書きたがります。そして，上手く書けないとむきになってしまい，せっかくの楽しい雰囲気が重くなってしまいそうになることがあります。
そんなときは，教師が自ら率先してやってみせます。このとき，やや大げさにやることがポイントです。「先生がやっても上手くいかない」ことを示し，「上手くできなくてもいいんだ」という安心感を子どもたちに与えます。

評価のポイント

- このゲームはうまくできないこと，つまり失敗を笑いに変えることが目的です。お互いの書いた文字を仲よく見せ合っている様子や互いに笑い合っている様子など，楽しい雰囲気をつくり出しているペアをほめます。「上手く書けたかどうか」ではなく，「楽しんでいるかどうか」を教師が見るようにします。
- 本来，下手なものはあまり人に見せたくはありません。その見せたくないもの（自分の失敗）を率先して披露している子やペアがいたら，おおいにほめます。
- ゲームをした後，子どもたちに「どうしてうまくできないか」を考えさせます。「あまりやったことがないから」「慣れていないから」などの答えが出てきます。こうした子どもたちの考えをきっかけに，「何事も最初はうまくできなくて当たり前。だから，繰り返し練習することが大切なんだ」という価値を伝えることもできます。

日常化のポイント

　紙と鉛筆があればできるこのゲームは，短時間で取り組むことができます。そのため，「授業の冒頭5分間」のように時間を決めて取り組むことで日常化しやすいです。文字を書くゲームなので，プリントに名前を書いたりノートに学習する単元名を書いたりするときに「利き手と反対で書いてみよう」とひとこと言うだけでも簡単に行えます。

　また，ペアやグループで何を書いたかを当てさせるクイズ形式にすることで，子ども同士のコミュニケーションも生まれるゲームになります。さらには，ボールを投げたり蹴ったりといった動きを反対にすることで，体育の時間にも取り組めます。

〈佐藤慎一〉

ヌマアスゲーム

■対象学年：1～3年生　■時間：10分　■準備物：カタカナカード

 体を使うゲームを通して，ペアで楽しく安心して協力する雰囲気をつくる

🌀 アクティビティの概要

　ペアで背中に大きく文字を書き合って，その文字を当てるゲームです。1年生で習うカタカナ。「ヌ」，「マ」，「ア」，「ス」などの似ている文字をお題に出し，曖昧に覚えている子に正しい書き順や字形を指導することができます。また，ゲームを通して楽しみながらペアで触れ合うことで，仲が深まり，安心して授業に臨める雰囲気が生まれます。

進め方

❶ 2人ペアを作り，じゃんけんをして先攻後攻を決めます。
❷ 後攻の子は，相手に背中を丸めて向けて，目隠しをして待ちます。
❸ 先攻の子は，前で教師が出すお題のカードを見て，その一文字を相手の背中全体に大きく書きます。（このとき，後攻の子は服のしわを伸ばしてあげると書きやすい）
❹ 答えがわかっても言ってはいけません。わからなかったら，もう一度書いてもらいます。
❺ 目を開けて前を向き，「せーの」で答えを言い，教師は伏せておいた答えのカードを見せます。
❻ 交代してもう一度行います。
❼ 協力してたくさん正解できたペアの勝ちです。

［アレンジ］

　高学年ではレベルを上げて，漢字を書いてみたり，文字の大きさを小さくしたりすると盛り上がります。また，カタカナの「シ・ツ・ソ・ン」なども書き順や角度によって文字の判断ができるので，一緒に行わせるとよいでしょう。算数の時間には，数字を書いたり，簡単な計算問題を出し合ったりすると面白いです。

雰囲気づくりのポイント

- このゲームはペアの協力なくしては成功するのがなかなか難しいゲームです。書く方は相手に伝わるように，答える方は相手の指の動きをしっかり感じなければ答えがわかりません。ゲームを始める前には，「このゲームはペアの協力がとても大切です」と子どもたちに伝えておきましょう。
- 正解したときには，「当てた方もすごいけど，ちゃんと相手に伝わるように書けた君たちもすごい！」とほめ，ペアでハイタッチをして喜びましょう。
- 単純に，体に触れ合ってコミュニケーションをとるというのは，子どもにとって安心感を生み出します。また，声ではなく，背中で相手の書く文字を受け止めるというのも，普段とは違ったアプローチのコミュニケーションとして子どもにとっては新鮮に感じられるでしょう。
- また，中には感覚が未発達の子や，逆に過敏な子もいるかもしれません。文字を書くときには，「相手がわからなかったら少し，ゆっくり強く書いてあげよう」や「指を2本にして優しく書いてあげよう」など個別の支援もしていくとよいでしょう。

評価のポイント

- 書き手と受け手の協力が大切になってくるゲームなので，書いている子は相手がわかるように書けているか，答える方の子は相手の指の動きを感じようとしているかをよく見ます。ゆっくり形に気をつけて書いている子や，背中を丸めて服のしわをのばしたりしてしっかり感じようとしている子をしっかりとほめて認めてあげると，ペアで協力しようという雰囲気が生まれ，相手に対する信頼感が深まっていくと思います。
- また，あらかじめ正しい字形や書き順を指導しておくことで，ペアでお互いの字のチェックができます。お互いに字の書き方を教え合っている子なども積極的にほめていきましょう。

日常化のポイント

平仮名やカタカナの指導だけでなく漢字の指導の後に復習として行うのもよいでしょう。長い文章を使った伝言ゲームも面白いですね。文字は相手に伝わるように書くことが大切です。このゲームは字の形がうまく書けなかったり，書き順がめちゃくちゃだったりする子も，相手に伝わるよう必死になって正しい字を書こうします。楽しみながら正しい書き方を覚えることができます。また，体に触れられることに抵抗感がある子が多いクラスでは，背中側に手のひらを出してもらったり，背中に薄い紙を1枚敷いて書いたりするなど，スモールステップで取り組んでいくのがよいでしょう。

〈杉浦遼平〉

みんなで集めろ！コインゲーム！

■対象学年：3年生以上　■時間：5〜20分　■準備物：牛乳キャップ

 様々なゲームを通して，「失敗してもいいんだ」というあたたかな雰囲気をつくる

アクティビティの概要

5・6人のグループになり，通し番号をつけます。その中から1人，牛乳キャップまとめ係りを作ります。簡単なゲームをクリアして，牛乳キャップを集めるゲーム。1番多くの牛乳キャップを集めたグループが優勝です。

進め方

❶5・6人のグループを決め，通し番号をつけます。
　そのグループの中から1人牛乳キャップまとめ係を決めます。
❷「1番の人は先生と『じゃんけん』をします。勝ちでキャップゲットです」
　教師と各グループの1番の子どもが一斉に行います。
　勝った子どもは牛乳キャップを1つ持っていきます。
　「勝った人は牛乳キャップをまとめ係に渡してください」
❸「2番の人は先生と『じゃんけん』をします。次はあいこの人がキャップゲットです」
❹順に4〜6番と続き，様々なゲームをします。

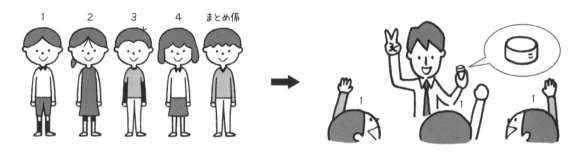

[アレンジ]
●ゲームのバリエーションは，その場の雰囲気によって様々なものに変更可能です。
（例）
　・じゃんけん　勝ち負けあいこ
　・ねらって箱に入れろ！　上靴シュート
　・100円均一のダーツで的当て

- ・紙飛行機投げ
- ・鼻こよりで先にくしゃみ
- ・箱に入っているのは何色のボールか予想
- ・スプーンボール運び
- ・トランプのマーク当て
- ・万歩計をつけてもも上げ　　など
- ●低学年の場合は，じゃんけんなどの簡単なゲームにした方がわかりやすいです。
- ●牛乳キャップがない学校は，紙などで作ってもいいと思います。

雰囲気づくりのポイント

- ●牛乳キャップをゲットしたときにグループであたたかく迎えるのがポイントです。
- ●ゲットできなくても励ましの言葉で迎えることで，「失敗してもいい」という安心した雰囲気につながります。
- ●あらかじめグループで牛乳キャップをゲットしたときのかけ声を考えておくと，さらに盛り上がります。
- ●ゲームの内容によって相談したり，協力したりする活動を入れると，グループのまとまりが深まります。
- ●簡単なゲーム自体を子どもたちに考えさせても面白いです。

評価のポイント

　この活動のねらいは，「失敗してもいい」と子どもたちに体感してもらうことです。様々なゲームで失敗してしまった子に対して，仲間がどれだけ励ましているかを積極的に評価します。そうすると，子どもたちは自然と励ますという言動が習慣化し，クラスをよりよい雰囲気にしようとする活気が出てきます。また，「紙飛行機づくりが上手」「もも上げが速い」など，子どもたちの新たな一面が発見できることもあり，その場合はクラス全員で賞賛できるといいです。

日常化のポイント

　一度の活動で終わらせず，席替えをした後や行事の前など，「クラスの雰囲気を変えたい」「クラスの一体感を高めたい」ときにおすすめです。このゲームはグループ内の仲間意識を強くするので，普段かかわりの少ない子ども同士のコミュニケーションを図る機会となります。例えば，席替えをして間もないときに行うと，一気にグループの仲が深まります。子ども同士の結びつきを強めたいときに実践してみてください。

〈加藤大輔〉

8 魔法のじゅうたん

■対象学年：4年生以上　■時間：5〜10分　■準備物：体育用マット

 身体つくりの運動をしながら，安心してみんなで協力することを学ぶ

アクティビティの概要

体育の授業の始まり。準備体操をして，さあスタート，では協力する雰囲気はなかなか生まれません。そこで体育用のマットを使い，チームで協力しないと勝てないゲームをします。

進め方

❶「魔法のじゅうたん乗ってみたい人？」「（子ども）はいはーい！」
❷「では，みんなで協力して魔法のじゅうたんを作りましょう」
❸「5人組を作ります」「体の大きい人小さい人，男女ができるだけ混じっていたほうが成功します」「5人組ができたチームから座ってください」（場合によって人数は変えてもよいが，最低人数が5人を下回らないようにする）
❹「マットの真ん中に1人乗せて，周りを残りの4人で持ちます」
❺「一番軽い人が乗ったほうが有利ですが，最終的に全員真ん中に乗ってもらうので，どういう順番で乗るか相談してください」
❻「では，第1レーススタートします。最初に乗る人はマットの真ん中へ」
❼どんどん乗る人を変えていきながら第5レースまで行います。毎回どのチームが1位か発表します。

[低学年に向けたアレンジ]

マットを持つ人数を増やしていけば低学年でも応用可能かもしれません。チーム対抗にしなくても，教師が真ん中に乗って全員に運んでもらっても，盛り上がるでしょう。

雰囲気づくりのポイント

- マット競争ではなく「魔法のじゅうたん」というところ，これがポイントです。子どもたちは興味をもってやってみたい！という雰囲気になるでしょう。
- 体重の軽い子はマットの上に乗るとき，体の大きい子はマットを運ぶときにヒーローになれます。どちらもきちんと活躍できるというところが大切です。
- 楽しい雰囲気を教師と子どもがいかに一緒につくり出せるかが大切です。前に立つ教師がワクワクしながら，楽しい表情で始めると子どもたちもワクワクします。
- 中にはゲームの意味がわからない子がいるので，最初は１つのグループで例を示します。何回かやっていくうちに自然とルールを覚えるでしょう。
- 体の大きい女の子は乗るのを嫌がる場合があります。初めて取り組むときには事前に「こういうことするけど大丈夫？」と声かけをしておくとよいです。終わった後にも，個人的にさりげなく「どうだった？」と聞き，目の届かないところで嫌なことを言われていたりしなかったかを確認しておくと，２回目以降もスムーズにやることができます。

評価のポイント

ゴールまで早く運べればよいというものではありません。早く安全に運ぶということをはじめに言っておき，活動中も「そっちしっかり持って」といった声を見つけて評価するようにします。ケガをしてしまっては楽しい雰囲気が台なしになるということも伝えておきます。

> **日常化のポイント**
>
> 体育係が前に出て体操をする。そういう始まりもいいかもしれませんが，子どもたちにワクワク感はあまり生まれません。この競争をやった後に，その授業で使う部位のストレッチなどを行って授業をスタートする。そんな始まり方であれば，その後の授業でも自然と協力しようという雰囲気ができ上がります。慣れてくると，マットの準備も教師が行うのではなく，班ごとに競争してもよいでしょう。
>
> 実際にやってみるとわかるのですが，マットに乗って運ばれるというのは相当面白いです。勝ち負けにこだわることなく，爆笑しながらみんなでゴールを目指す。そんな姿が見えたら担任としてもガッツポーズです。このゲームを終えた後そんなふり返りができるとよいでしょう。

〈深見太一〉

9 3と5パッチンゲーム

■対象学年：4年生以上　■時間：5分　■準備物：励まし合う心

失敗を笑いに変え，励まし合う心を育て，安心感できる雰囲気をつくる

アクティビティの概要

「教室は間違うところだ」。こんな言葉を学校ではよく耳にします。しかし，失敗することが許される雰囲気ができていなければ，「間違うこと＝恥ずかしいこと」になってしまいます。

このゲームは，失敗が大いに認められます。そして，失敗した子に対して，あたたかな励ましの言葉をかけることを学びます。たくさん失敗して，たくさん励まし合って，自然と安心できる雰囲気ができあがっていく，そんな笑顔あふれるゲームです。

進め方

❶「6～8人のグループを作り，その場に円になって座ります」
❷「このゲームは，1～50までの数字を時計回りにテンポよく数えていくゲームです」
❸「ただし，1つだけルールがあります。3と5のつく数字のときだけ，数字を言うかわりに手を1回【パン】と叩きます」
❹「どこかで間違ってしまった場合は，もう一度1からやり直しです。ただし，スタートする人が同じだと慣れてしまうので，間違った場合は隣の人にずらして再スタートをします」
❺「誰かが間違えたら，『ドンマイ！』と笑顔で言えるといいですね」
❻「50まで成功したら，元気よく『イエーイ！』と言ってハイタッチをしましょう」
❼ゲーム中はグループの間をぐるぐる回り，子どもたちの失敗にツッコミを入れながら，笑顔で見守ります。

[高学年に向けたアレンジ]

手を叩くタイミングを変えると，より難易度を上げることができます。算数で学習した内容を，ゲームに生かすことも可能です。
（例）3と5と7のときに手を叩く・1.5倍のスピード・反時計回り・3の倍数と5の倍数など。

[低学年に向けたアレンジ]

テンポを調整することがポイントです。低学年になればなるだけ，ゆっくりしたスピードで行うようにさせましょう。また，1年生のように大きい数で行うのが難しい場合，ゴールの数字を小さく（20や30など）したり，手を叩く数を減らしたり（2だけ），工夫をすれば全学年で行うことも可能です。

雰囲気づくりのポイント

- このゲームは失敗が多く出るゲームです。「失敗をせずに成功を目指す」ではなく，「失敗をたくさんして少しずつ成功に近づける」という意識を，子どもたちにもたせましょう。
- 励ましの言葉を知らない子もたくさんいます。「ドンマイ！」「がんばろう！」などのあたたかい言葉がけを，ゲーム前に全体で練習しておくと，より一層安心できる雰囲気になります。
- 失敗した際に，相手を責めるような言葉がけ（「ちゃんとしろよ！」「なんでだよ！」など）をする子が出てくることもあります。そんなチームに対してはビシッと指導するのではなく，「あたたかい言葉をかけようね」と優しく笑顔で声をかけましょう。教師自身が安心できる雰囲気を醸し出すことが大切です。
- 失敗が多すぎてゲームが進まないチームには，「もっとゆっくりやってごらん」と優しく声をかけましょう。少しずつ記録が伸びることによってグループ内の士気も高まり，より一体感が増してきます。

 評価のポイント

　ゲーム後，グループごとにどこまでできたか「数字」を聞く必要はありません。他チームとの勝負ではなく，自チームがどれだけ記録を更新できたかが大切です。たくさん失敗した子のおかげで，たくさんのあたたかい言葉が飛び交ったことをみんなで確認して，雰囲気づくりの大切さを子どもたちにも伝えましょう。

日常化のポイント

　このゲームは安心の雰囲気をつくるだけでなく，子どもたち同士のかかわろうとする雰囲気もつくることができます。例えば，席替えをした後にグループで行ったり，異学年との交流でゲームとして行ったりするなど，楽しみながらかかわりを増やすことができます。

　また，ゲーム中「失敗してもいいんだ」「間違えてもいいんだ」と思えるには，受け手側の反応の仕方が重要です。「ドンマイ！」と声に出して言うことはないと思いますが，あたたかい表情で話を聴くことはできます。普段から，思いやりをもって話を聴くことを意識させましょう。

　何よりも大切なのは教師の受け方です。間違った答えや見当違いの答えを発表した子に対して，教師がどのような反応をするか，子どもたちはよく見ています。ゲームのように間違いを笑いに変えずとも，笑顔で受け止めることはいつでもできます。子どもたちの頭の中にある「失敗＝だめなこと」という意識を，じっくりゆっくり変えていきましょう。

〈成田翔哉〉

10 ドット&ボックスゲーム

■対象学年：4年生以上　■時間：5分　■準備物：ドット&ボックスのワークシート，鉛筆

 ペアでのゲームを通して，たくさん交流する楽しい雰囲気をつくる

アクティビティの概要

よくある「紙と鉛筆」を使ってできるお手軽な，アメリカの小学生の間で流行っている有名なゲーム（ The Dots and Boxes ）です。日本で言うところの「○×」や「棒消し」のようなルールも簡単で楽しめます。一見すると，小学生にでもできる単純そうなゲームですが，実はまだ必勝法が見つかっていないと言われており，高度な駆け引きを楽しむことができます。

進め方

❶「ドット&ボックスゲームをします」
（点が4×4のワークシートを配布する）

❷「ペアで交互に，点と点をつなぐ線を1本ずつ引いていきます。ななめは引けません」（黒板に図を書いて説明する）

❸「線を引いていくうちに，一番小さい四角（隣り合う4つの点で結ばれた四角）ができたら1ポイントです。四角の中に自分のしるしをつけましょう」（四角の中に☆や名前の一文字を書く）

❹「1つ四角ができたら，もう1本線を引きます。箱ができる限りは続けて線を引かなければなりません」（連鎖してポイントが獲得できることを知らせる）

❺「最後に，たくさんのポイントを獲得した人の勝ちです」

[アレンジ]
　低学年の場合は，点の数を3×3にすると簡単に取り組めます。また，あらかじめ四角の中に数字を書いておき，その四角を獲得したら書いてある数字がポイントとしてもらえ，合計を競う方法も面白いです。

 雰囲気づくりのポイント

- せっかく同じクラスになっても，男子と女子はなかなかかかわり合う話題がなかったり，高学年になると意識しすぎてしまったりして，あまりしゃべらないまま過ぎてしまうことがあります。教師が話題づくりをしたり，このようなゲームを男女ペアで行ったりすることで，話し始めるきっかけをつくることが大事です。
- このゲームは必勝法がないので，常に頭を使って戦術を立てます。ゲームが終わった後に，「あそこでああしていればなぁ」など自然と会話も盛り上がります。笑い合ったり，励まし合ったりする中で，楽しい雰囲気が生まれ，隣の子との仲が深まり，安心感が生まれます。
- ワークシートを印刷してクラスにおいておけば，子どもたちは休み時間になると夢中で対戦をしていきます。休み時間に行わせるときには，教師も進んで子どもたちの輪の中に入っていくことが大切です。教室の中で，1人で過ごしている子にもアプローチしやすくなり，ほかの友達と関係づくりをするきっかけもできるかもしれません。また，クラスのイベントとして，トーナメント方式の「ドット＆ボックスゲーム大会」を開いてみるのも面白いです。

 評価のポイント

　友達と楽しく過ごせることが大切であることを伝えます。そのために，友達にアドバイスをしている子やたくさん会話をしているグループをほめて認めていきます。勝ち負けだけではなく，積極的にペアで楽しみ合って，仲が深まっていくことに価値があることを伝えます。

> **日常化のポイント**
> 　算数の時間のウォーミングアップとして行うのがよいでしょう。勝つために，どこに線を引くのか，法則性を考えていくのは数学的思考にもつながります。
> 　1学期のうちは，新しいクラスに対して緊張している子も多いです。お互いの関係性が築かれていないと，授業中の話し合いはうまくいきません。人づきあいが苦手な子やなかなか隣の人に話しかけられない子たちにとって，こうしたきっかけはとても大切です。
> 　また，席替えをした後や土日の休み明け，夏休み明けなど，関係性が落ち着かないときにリズムをつくるために行うのもよいでしょう。

〈杉浦遼平〉

第2章 「かかわろうとする雰囲気」をつくるペア&グループの学級アイスブレイク

「あ」の百面相

■対象学年：全学年　■時間：5分　■準備物：なし

 様々な表現を受け入れ合う活動で友達とかかわり合う雰囲気をつくる

アクティビティの概要

　班で中心を向いて1人ずつ「あ」と発音し，その言い方をそっくり真似する遊びです。どんな「あ」でもOK。間違いは1つもありません。様々な表現を出し合うことで発想を柔軟にし，お互いの考えを受け入れ合う雰囲気をつくり出します。

進め方

❶「先生と同じ『あ』を言ってみましょう」
❷「あ！」「（子ども）あ！」
　「あーあ…」「（子ども）あーあ…」
　「あ？」「（子ども）あ？」
　「とても上手ですね！」
❸「これから，『あ』の百面相というゲームをします。班ごとに，班の中心を向いて立ちます」
❹「1人ずつ『あ』と言います。他の人は，その『あ』の言い方をそっくり真似します」
❺「それでは，やってみましょう。班長から時計回りに進みます。いろいろな『あ』の表現を考えてみましょうね。全員起立。はじめ！」

雰囲気づくりのポイント

- はじめの教師の見本でどれだけたくさんの「あ」を見せられるかが重要です。子どもによいイメージがわくように，様々な「あ」を表現しましょう。
- 見本では，普通の「あ」の言い方から始めて徐々に動きを大きくしていきます。子どもたちの雰囲気が十分あたたまった頃を見計らって，班での活動へと移行します。
- 表現するのに抵抗を感じる子は，普通に「あ」と言うだけでもよしとします。「シンプルでいいね！」と認めるようにします。
- 普段やんちゃな子は，この遊びで大いに活躍することができます。「みんなで〇〇くんのマネをしてみよう！」と取り上げましょう。
- どこかを指さしたり，手を広げたりするだけでも，表現が変わります。慣れてきた頃を見計らって，「手足を動かしてみるといいよ」と呼びかけましょう。
- なかなか「あ」の表現を考えることができない場合には「先生がやっていたのと同じ動きでもいいよ」と伝えれば，安心して表現できるようになります。
- 「い」「う」「え」「お」など，言葉を変えれば，飽きずに楽しみ続けることができます。
- 「動物の名前」や「登場人物の名前」などの単語にしても盛り上がります。

評価のポイント

　新しい表現や，誰も考えなかったような表現ができている子をほめます。「〇〇くんの『あ』は新しいね！　すごい！」と評価します。そうすると，表現に広がりが生まれます。

　また，友達の動きをそっくり真似することができる子も認めるようにします。「〇〇くんは，誰の『あ』でもコピーすることができるんだよ。さすがだね！」などと評価します。友達のよいところを取り入れようとする態度を養うことができます。

　友達のよい部分を取り入れて，さらに新しい表現を考案できればすばらしい。いろいろな表現が生み出せるように，教師はあたたかな言葉かけをしていきましょう。

日常化のポイント

　授業中，話し合い活動が停滞してしまうときは，「さっきの『あ』の百面相のときみたいに，いろいろな考えを出し合えるといいね！」と呼びかけるようにします。子どもたちは，柔軟な発想で取り組もうとするようになることでしょう。

〈三好真史〉

だれのタッチ

■対象学年：全学年　■時間：5分　■準備物：なし

班で触れ合い，かかわり合うことで友達へ関心をもち，かかわり合う態度を養う

アクティビティの概要

　誰にタッチされたのかを当てる遊びです。触れ合う活動を通して，子ども同士の距離がグッと縮まります。
　また，変な声を出したり，当てる人を間違えたりする活動の中で，自然に笑顔が生まれます。

進め方

❶「今日は，"だれのタッチ"というゲームをします」
❷「班の中で1人が鬼になります。鬼は，他の子に背を向けて立ちます」
❸「他の子の中の1人が，鬼の背中にタッチします。このとき，野菜の名前を言います」
❹「鬼は，その触り方と，声の感じから，誰が触ったのかを当てます。言い当てることができたら，触った人と鬼が交代します」
❺「見本をやってみせます。3班，協力してください」
❻「それでは，やってみましょう。全員起立。はじめの鬼は班長です。はじめ！」

雰囲気づくりのポイント

- 席替え直後など,班のつながりが希薄なときにも効果的です。
- 高い声や低い声など,いつもと違う声を出せばバレにくくなります。「声の出し方を変えてみよう！」と呼びかけるようにしましょう。クラス全体で様々な声の出し方を練習してから取り組むのもよいでしょう。
- 触る角度を変えれば,誰が触ったのかわかりにくくなります。「触る角度を工夫してごらん」と声かけしましょう。
- 野菜の名前を考えるのが難しい子がいる場合は,黒板にいくつかの野菜をかいておきます。その上で「黒板にかいてある中から選んでごらん」と指示します。
- 時々友達の背中を強く叩こうとする子がいます。教師は全体を見渡しながら,仲よく活動できているかどうかを観察します。活動がうまく進まない班には教師も加わり,安定してできるまで一緒に遊ぶようにするといいでしょう。
- 野菜の名前以外でも,「動物の名前」「魚の名前」「都道府県」「歴史上の人物」などでも盛り上がります。
- 手の平でタッチする他に,「人差し指でツンと突く」「ノックする」「両肩の上に手を置く」などのパターンでやってみるのもいいでしょう。

評価のポイント

　一部だけが楽しむのではなく,班全員が楽しむことができるように工夫している班を評価します。「さっき,○○くんは,触る順番を譲ってあげていました。思いやりがありますね」「○○さんは,間違えた子に"ドンマイ"って声をかけてあげていました。優しさを感じましたよ」など,協力し合う姿を取り上げて評価するようにしましょう。

　この遊びでは,たくさんの笑顔が生まれます。「○班の盛り上がりすごくよいね。チームワークのよさを感じるよ」など班の結びつきを強める言葉かけをしていきましょう。

日常化のポイント

　かかわりを活動へ活かすためには,このゲーム直後に活動へ移るようにするといいでしょう。班で1つの課題に取り組むなど,協力を必要とするような活動を用意します。「今のゲームのように,みんなで協力して取り組めるようにしましょうね」と伝えます。

〈三好真史〉

答えはこの中に!!

■対象学年：全学年　■時間：5分　■準備物：なし

ねらい　選択肢の中から答えを友達と予想し，話し合うことでかかわろうとする雰囲気をつくる

アクティビティの概要

選択肢を4つ設けた問題を出します。子どもは，隣の席の友達と話し合いながら，答えは何かを当てるゲームです。選択肢の3つは教師が黒板に書き，最後の4つ目は子どもが答えの候補を作り（ボケ）ます。

友達と答えを予想し，話し合うことで，かかわりをつくっていきます。

進め方

❶「本能寺で織田信長を追いつめたのは誰か」と問います。

❷続いて「(1)明智光秀　(2)豊臣秀吉　(3)徳川家康」と選択肢を黒板に書きます。

❸「じゃあ，4つ目の選択肢を作ってくれる人？」と聞きます。4つ目の選択肢は子どもに自由に答え（ボケ）させます。「(4)森先生！」「(4)赤坂くん！」など。

❹「では，お隣の友達とどれが正解か相談してみましょう」

❺教師が「(1)の明智光秀だと思ったチームの人？」と順に聞いていき，手を挙げさせ，予想した人数を黒板に書きます。

❻「答えを発表します。答えが正解のチームは『イエイ！』と言って両手でハイタッチをしましょう。惜しくも不正解だったチームは『ドンマイ！』と言って片手でハイタッチをしましょう。いいですか？　では，答えを発表します…」

※❻のハイタッチは子どもの実態に合わせて行ってください。

[アレンジ]

●理科の実験予想などでは，選択肢を選ばせてから，その選択肢を選んだ理由を話し合わせ，発表させるとより効果的です。

●子どもはボケるのが大好きです。そんなときは「(1)○○，(2)△△，(3)□□」と3択すべてを子どもに考えさせ，「(4)その他」を準備しても面白くなります。

●時には班で相談し合うと話し合いが盛り上がります。

雰囲気づくりのポイント

- 問題を出す前に「クイズです！」と教師が言うと，子どもは「ジャジャン！」と反応するようにしておくとさらに楽しい雰囲気をつくることができます。「問題」や「テスト」などの言葉は使わず，「クイズ」と言うのもおすすめです。
- 正解でも不正解でも，共に考えた友達とハイタッチをすることで友達同士の距離が縮まります。
- どの教科でもクイズを作って扱うことができます。さらに教科だけじゃなく，「今日は何の日でしょう？」「(1)○○，(2)△△，(3)□□」としたときに「答えは(1)の○○です。そしてさらに森くんの誕生日でもあります。おめでとう！！」と言ったときは自然と拍手が起こり，クラスがとてもあたたかい雰囲気になりました。
- 「選択肢が4つ，答えは1つ」でなくてもかまいません。例えば「組体操を成功させるためのコツは？」という問いを出したときは，子どもたちはたくさんの選択肢を挙げていました。自分なりの答えを友達と話し合うことができれば，このゲームは大成功です。

評価のポイント

このゲームでは，答えを当てずっぽうに言うのではなく，どれだけ友達と話し合うことができていたかが大事になってきます。「ここのペアは残念ながら不正解だったけど，とても一生懸命に話し合っていたよ」と教師がみんなの前でほめましょう。解答をノートに書かせることもできます。理由を詳しく書いたり，伝えたり，友達の意見をメモしたりしている子どもにも注目してください。

「友達と協力する（話し合う）大切さ」に関する子どもの発言や行動を認め，価値付けていきましょう。

日常化のポイント

このゲームは，授業の間だけでなく，朝の会や帰りの会，ちょっとした空き時間などでも行うことができます。選択肢を設けているので全員が参加することができ，子どもも積極的に話し合うことができます。これを続けることで，友達の考えを知ることができ，また自分の考えを知ってもらうことができます。2人で話し合った答えは正解でも不正解でも絆は確実に生まれます。その積み重ねで更に難しいことも話し合うことができるようになっていきます。普段から「協力すること」を大切にしている子どもの発言や行動を全体に伝えクラスの雰囲気を高めていきましょう。

〈森　桂作〉

一番長い言葉を探せ！

■対象学年：4年生以上　■時間：5分　■準備物：国語辞典（ペアで1冊）

 言葉に親しみながら，友達とかかわろうとする姿勢を育む

アクティビティの概要

「か」から始まる食べ物，「た」から始まる人名など，指定された条件の中で一番文字数の多い言葉を，国語辞典から探すゲームです。

2人で1冊の国語辞典を使うことから，必然的に協力する雰囲気が生まれます。「いかに言葉を多く知っているか」ではなく，「いかに文字数の多い言葉を見つけられるか」で勝敗が決まるため，誰でも参加することができます。

進め方

❶「今回のお題は〇から始まる××です」
❷「制限時間は〇分です。よーい，スタート」
❸「ペアで見つけた言葉を一斉に言います」（全員で一斉に言う）
❹「（文字数が多いと思われる子どもを指名し）何と答えましたか」
❺「（発表してもらい，文字数を確認してから）もっと文字数の多い言葉を見つけたペアはいますか」
❻「（一番多いペアが決まったら）チャンピオンに拍手〜！！」

[アレンジ]
　辞書を使い始めたばかりの3年生で実施する場合は，条件を単純にして，「○から始まる言葉」にするとわかりやすいです。慣れてきたら，○から始まる「カタカナの含まれる言葉」「地名」「数字の入った言葉」「ことわざ」というように，出題の難易度を上げていくと楽しいです。自然と語彙も増えていきます。

雰囲気づくりのポイント

　「もうちょっと調べたかった」と思えるくらいの長さの制限時間にしておくのがポイントです。普段からどれだけ国語辞典に慣れ親しんでいるかによって，辞書引きの速さも異なるため，集中して取り組める時間を探してみるといいでしょう。男女で顔を寄せ合って「こっちに長い言葉があるよ」「ちょっとストップ」などと言葉をかけ合いながら辞書を引いている姿が見られるようになっていきます。

　教師自身も辞書を引くようにし，答え発表の際に一緒に言ってみると「先生より長かった」などと楽しむこともできます。チャンピオンになった言葉の意味を読み上げて共有したり，自分が見つけた言葉を連絡帳に書かせたりすると，よりいっそう活動を楽しむ雰囲気をつくれます。

評価のポイント

　制限時間いっぱいを使って，「もっと長い言葉があるんじゃないかな」などと最後まで楽しもうとしている子どもをほめていきます。探している最中に「これは絶対チャンピオンになれるはず！」と思わず笑みがこぼれてくるぐらい熱中している子どもや，「これってどういう意味なんだろう」と説明の部分をよく読んでいる子どもなど，言葉に対して興味を抱くことにつながるものはよい姿として全体に紹介します。

　また，ペアで協力している姿も見逃さずにほめるようにします。勝ち負けにこだわらず，協力して取り組むことに価値があるということも伝えます。班の中でペアの相手を替えていき，どの相手に対しても積極的にかかわろうとする姿勢をもてる子どもを評価します。

日常化のポイント

　隙間時間でできる活動ですので，お題を変え，ペアの相手を替えて回数をこなすことでたくさんの子どもがチャンピオンになる可能性が出てきます。どの教科でも国語辞典を机上に常置させておき，このゲームをしていると，おのずと国語辞典に手を伸ばす機会が増え，すぐに引くという習慣にもつながっていきます。

〈江口浩平〉

15 四つの部屋トーク

■対象学年：4年生以上　■時間：10分　■準備物：B5判程度の大きさの紙（人数分）

 質問を通じて，互いに興味をもって話をすることができる

アクティビティの概要

　友達の質問をもとに，話をしていくアクティビティです。1枚の紙の中に自分の考えと友達の質問が書いてあるので，話し手は安心して話をすることができます。また，聞き手にとっては，自分の質問に答える形で話をしてくれるので，聞こうという気持ちをもちやすくなります。

進め方

❶「今日のテーマは○○です」
❷「紙を四つに折り，左上に自分の名前と答えを書きます」
❸「グループで紙を回します。渡された紙に自分の名前と，その人の答えに対する質問を書きます」（初めての場合は例を示す）
❹「自分の紙が手元に戻ってきたら，質問をもとに話をしていきます」
❺「時間は○分です。全員が話を終えられるようにしましょう」

[アレンジ]

　1〜3年生だと,テーマに対してすぐに自分の考えをもてない子どももいるかもしれません。テーマを事前に伝えておき,考える時間を与えることや,友達から質問が出やすいテーマを選ぶことなどが大切です。

雰囲気づくりのポイント

　子どもたちが「話したい」「聞きたい」と思えるテーマを設定することが何より大切です。例えば「最近○○だったこと」(楽しかった,笑った,痛かった,怒った等)といった思い出話だと身近なことなので共感しやすいですし,「もし○○だったら」(3億円当たったら,生まれ変わったら,好きな物が給食に出てくるなら等)といった想像話だと自分と比べながら聞くことを楽しみやすいです。

　テーマはクラスの実態に応じて選ぶのはもちろんのこと,子どもたちからも募るようにすると,より楽しめるようになると思います。

評価のポイント

　話し手であれば,相手の質問を見て,話を構成することができている子どもをほめていきます。質問そのものは単発であっても,そこをきっかけに話を深めていける子どもの姿や,いくつかの質問をつなげて話をしている姿を見かけたら,全体で共有していきます。

　聞き手であれば,まずは自分が聞きたいことを質問できている子どもをほめていきます。その中で,話が広がるような質問(「なぜ」「どのように」といった問いかけ)と,話を深めるような質問(「どんな」「いつから」といった問いかけ)を意識して使っている子どもをほめていきます。どんな問いかけがいいのかをクラスで共有できるようになっていくと学びも深まります。

日常化のポイント

- 話し手は自分が話したいことを話すだけでなく,みんなが聞きたいことを意識して話すようにすること。
- 聞き手は相手の話に質問を考えることで積極的にかかわろうとする聞き方ができること。
　これらの意識が普段の話す聞く活動にもつながっていきます。例えば国語科の行事の感想文を書く際に,友達に質問してもらったことを文章に盛り込みます。朝の会でスピーチをする場面や,授業の中でグループの話し合いをする場面でも活用していけるよう意識付けをしていきたいです。

〈江口浩平〉

チェンジ THE ワード

■対象学年：4年生以上　■時間：10分　■準備物：紙，鉛筆（ペン）

ねらい 友達とかかわることのよさや楽しさ，必要性を学ぶ

アクティビティの概要

3文字くらいの言葉を1ずつ変えながら，いかに相手のチームより短い時間（少ない回数）で決められた言葉に変化させるかを競います。チームが一丸となる思考フル回転のゲームです。

進め方

❶「今から見せる言葉を，指定する言葉に変身させてね」

❷「他のチームより短い時間で変身させられたチームの勝ちです。
　　変身が完了したチームは大きな声でヘーンシンと叫んでね！
　　それでは始めましょう。チェンジ THE？」「ワード！！！（全員で）」
　（例）『ゴジラ』を『マウス』に変身

❸「（変身完了）ここまで～！　○班さんのタイムは□秒でした～！！」
　→勝ったチームに拍手します。

❹「どんな変身をしたのかみんなに教えてください」
　ゴジラ→クジラ→クララ→クラス→ガラス→ガウス→マウス

❺「変身がまだのチームは，もう少しだけがんばって変身するところまでやってみよう」

[アレンジ]
　1～3年生には少し難易度が高いので，少しルールを変えてしりとり形式でやると変身が簡単になります。（例）ゴジラ→ラッコ→コダマ→マウス

雰囲気づくりのポイント

　頭を使うゲームなので最初どんな反応をするのかと心配しましたが，日頃から言葉遊びやしりとりなどをしていたこともあって，今では子どもたちの大好きなゲームの1つです。とにかく「ワード！！」「ヘーンシン！！」などのかけ声からまずはゲームの雰囲気ができてきます。「短い時間で」「少ない回数で」というのもそのときの状況に応じて決めてもらえたらいいと思いますし，3文字に慣れるまでは2文字にしたり，慣れてきたら4文字にしたりとレベルを変えてあげると意欲が上がります。どちらにしてもある程度ゴールにたどり着けるくらいの時間はとってあげた方がいいかもしれません。できたという達成感をそれぞれのチームに味わわせてあげたいものです。子どもたちにビフォーとアフターの言葉を考えさせても喜びます。

評価のポイント

　言葉を知っている子も，知らない子もいるという中でチームとしてやっているので，いかに全員で協力してやっているかを見ておきます。教師は子どもたちが活動している間は，それぞれのチームを回りながら個々や全体の様子や発言（つぶやき）を見落とさないようにしましょう。「○○○よりも△△△の方が変身させやすいと思うよ」といった発言をゲームの終わりに取り上げて，「確かに順序よくやっていくのもいいけど，先を考えながら進めていくのも大切だよね。それをちゃんと伝えることができてすごかったね」と価値付けてあげることで，その後の授業や日常生活につながるように思います。あとは，みんなのかけ声を元気いっぱいにやりきれる，演じきれる子もたくさんほめてあげましょう。

日常化のポイント

　言葉遊びの延長なので，やはり常日頃から辞書を引いたり，本を読んだりする機会をたくさん設けて言葉の引き出しを増やすことが必要です。簡単なしりとりなどを隙間時間にたくさんやりましょう。このゲームはいくらでもアレンジができ，また様々な場面で使えます。例えば給食にりんごが出たら，「このりんごを他の食べ物に変身させてみよう。結果は帰りの会で聞くからね」とお題を与えるだけで，子どもたちの会話がぐっと増えます。結果発表でも色々な解答が出てきて，それを聞いている子どもたちの反応がとても楽しいです。

〈鍋田宏祐〉

 何でもかんでも共通点探し

■対象学年：4年生以上　■時間：5分　■準備物：紙，鉛筆（ペン）

 正解を探すという概念を崩し，自由な発想で友達とかかわることを楽しむ子どもを育む

アクティビティの概要

　2人組や班で協力をしながら，一見全く共通点のない2つのものから共通するもの（こと）をとにかくたくさん見つけたら勝ちです。これといった答えはないので誰でもゲームに参加できて，それでいてたくさんの面白い答えに盛り上がること間違いなしのゲームです。

進め方

❶「今から見せる2つのカードの共通点を探しましょう。たくさん見つけられたチームの勝ちですよ」

❷「制限時間は○分です。よーい，スタート」

❸「（制限時間終了）いくつ見つけられたか数を数えましょう」
　→たくさん書けていたチームに拍手します。

❹「それでは，みんながどんなことを書いたのかチームごとに1つずつ言っていきましょう。もしかぶったときには違うものを言ってね」
　→みんなが「おおっ」と思うことを書いたチームに拍手します。
　（例）『勉強』と『遊び』の場合
- 時間がかかる
- 将来に役立つ
- たまに怒られることがある
- 1人よりみんなとやった方が楽しい
- 濁点が1つ　など

[アレンジ]

　1～3年生でやる場合は『イヌ』と『ネコ』,『救急車』と『消防車』のように明らかに共通点がわかりやすいものや身近に見られるもので考えると，答えが見つかりやすく，たくさんの答えが出てきます。

雰囲気づくりのポイント

　いきなりこのゲームをやってもどうしても正しい答えを見つけようとして，なかなか答えも見つからず，盛り上がりません。だから最初の1回は全員でやってみるといいでしょう。このときに，教師が「例えば…」とこんなのもありだというのを示してあげるのもいいと思いますし，クラスのムードメーカーやお笑い担当の子どもに「このゲームに答えはないから自由に言ってみよう！」と声をかけてあげると，みんなもびっくりするような共通点を出してくれて大笑いが起こります。答えはないんだということを全体で共有した上で，みんなで和気あいあいとやることがこのゲームのポイントです。（クラスの状況や発達段階によっては共通点のはっきりしたものを用意しておくこともありだと思います。）

評価のポイント

　全体で練習をするときには，口火を切って発表してくれる子が必ずいます。そんな子には「間違っているかも…とか考えず，とにかく言ってみようという気持ちがいいよね」とおもいっきりほめます。また，「へぇ」「なるほど」「そんなんでもいいんだ」「いいね」と友達の答えにあたたかな反応を返している子もほめてあげて，「やっぱり自分の意見をしっかり受け入れてもらえたり，ちゃんと反応してもらえたりしたら嬉しいよね」と何気なくやっている行為に価値を見出してあげましょう。当然自分もゲームに参加しながらも，プラスαで記録をしていたり，みんなが参加できるようにファシリテートしていたり，ゲーム自体を楽しみ盛り上げてくれたりしている子どもの姿をしっかりと見て，たくさん声かけをしていきましょう。

日常化のポイント

　いつでも，どこでも，誰とでもできるゲームですので，授業でも使えます。国語科なら「火」と「水」のように漢字学習の一環としても扱えますし，社会科なら「卑弥呼」と「織田信長」，理科なら「酸素」と「食物連鎖」のように既習の学習内容から共通するところを見つけるというように，知的なゲームとしても活用できます。また新学期や席替えでの出会いの場面では，「わたし」と「あなた」を考えさせるだけで，自然と緊張もほぐれて，2人の距離も縮まるはずです。

〈鍋田宏祐〉

コラボアート

■対象学年：4年生以上　■時間：10分　■準備物：人数分の紙またはホワイトボード，ペン

ねらい　絵を使った活動でかかわり合いのハードルを下げてさらに深くかかわろうとする気持ちを育てる

アクティビティの概要

　全員が同じお題で絵を描き始めますが，ある程度描いた時点で，友達と絵を交換します。そして，友達の描いた絵を見て，何を描こうとしているのかを予想して，続きを描き足していきます。それを，何回も繰り返していくうちに，自分が予想していたものとは異なった絵が仕上がっていきます。
　コラボした仲間で完成した作品について話すことで，おしゃべりのハードルが下がります。

進め方

❶自分の作品を描き始めます。
　「まず，世界一のごちそうを頭の中に思い浮かべてください」
　「では，1人に1枚ずつ紙を配るので，ペンでそれを描いてください」
　「時間は短いですが1分間です。途中で終わってもいいですからね。よーいスタート」
　「時間です。途中でもいいので，そこで終わりにします。裏に名前を書いてください」

❷友達と交換して，描き足します。
　「今，描いた作品を裏を向けたまま，隣の人と交換してください」
　「今から，それを裏返して絵を見て，友達がどんなことを描こうとしていたかを予想して続きを描きます」
　「では，時間は1分間です。よーいスタート！」
　「時間です。コラボした印として，裏に名前を書いて丸で囲んでください」
　「裏を向けたまま，もらった人とは違う人と交換してください」
　4～5人回して作品を仕上げます。（班で回すとおしゃべりしやすい）

❸でき上がった作品を見ながら，おしゃべりをします。
　「では，一番はじめの丸で囲んでいない名前の人へ作品を返してあげてください」
　「作品を見ながら，コラボした友達とおしゃべりしましょう」

[アレンジ]
コラボアート伝言ゲーム…1人ずつ絵を描き足して,最後の人がお題を当てます。

 雰囲気づくりのポイント

　はじめに,友達が嫌な気持ちになるようなことでなければ,どんなことでも描いてもいいんだという雰囲気をつくります。そのために,黒板に簡単な見本を描きます。すると,子どもたちは「それくらいの絵でいいんだ」と安心して絵を描くことができるようになります。また,はじめの頃は太めのペンにするとハードルが下がります。

　短い制限時間の設定と時間をカウントすることで,思いついたことをどんどん描く雰囲気になり,上手い下手の差がわかりにくくなります。また,なかなか描き出すことができない子も友達がどんどん描き足していく様を見て,描けるようになってきます。

　でき上がった作品についておしゃべりするときは,絵の上手い下手ではなくて,何を描こうとしていたのか？それがどうなっていったのか？というアイデアに視点を向けて,おしゃべりできるようにします。

 評価のポイント

　絵の上手い下手ではなく,「おお,たくさん描いてるねえ」「わお,このアイデア面白いねえ」とどんどん描き足していることや面白いアイデアを評価します。

　友達の嫌がるようなことを描いたり,絵が下手なことをバカにするような発言があったりするときは,厳しく注意します。

　1人で描くときには,想像もできないようなアイデアが生み出され,素晴らしい作品ができ上がったことを評価し,自分のアイデアと友達のアイデアが合わさる楽しさを味わえるようにします。

日常化のポイント

　回数を重ねるごとに子どもたちはコラボすることがうまくなっていきます。そのため,定期的に行うとよいです。例えば,○曜日の朝の会ではコラボアートをする。図工のウォーミングアップとして行う。と決めておくと,子どもたちは楽しみにするようになります。

　お題を工夫したり,コラボする友達を変えたりすることで,長く楽しむことができ,たくさんの友達とかかわることができます。

〈橋本　貴〉

19 コラボストーリー

■対象学年：4年生以上　■時間：10分　■準備物：人数分の作文用紙

ねらい お互いの作文を読み合いながらより深くかかわり合う雰囲気をつくる

アクティビティの概要

　全員が同じお題で作文を書き始めます。ある程度書いた時点で，友達と作品を交換します。そして，友達が書いた作文を読んで，どんなストーリーなのか想像して，続きを書き足していきます。それを，何回も繰り返していくうちに，自分が予想していたものとは異なったストーリが書き上がります。
　コラボした仲間で完成した作品を読み合い，おしゃべりをしてかかわり合います。

進め方

❶自分の作品を書き始めます。
「まず，ものすごく難しい迷路に迷い込んだ人を思い浮かべてください」
「では，1人に1枚ずつ紙を配るので，その人が脱出するストーリーを書いてください」
「時間は短いですが2分間です。題名・名前は書かなくてよいです。よーいスタート」
「時間です。途中でもよいので，そこで終わりにします。裏に名前を書いてください」

❷友達と交換して，書き足します。
「書いた作品を裏を向けたまま，隣の人と交換してください」
「今から，それを裏返して読んで，友達のストーリーを予想して続きを書きます」
「では，時間は2分間です。よーいスタート！」
「時間です。コラボした印として，裏に名前を書いて丸で囲んでください」
「裏を向けたまま，もらった人とは違う人と交換してください」
4〜5人回して作品を仕上げます。（班で回すと後で交流しやすい）

❸でき上がった作品を読んで，おしゃべりをします。
「では，一番はじめの丸で囲んでいない名前の人へ作品を返してあげてください」
「作品をお互いに読みながら，コラボした友達とおしゃべりしましょう」

[アレンジ]

コラボ4コマストーリー…会話文を抜いた4コマ漫画を1コマずつうめていきます。

  雰囲気づくりのポイント

　はじめに，友達が嫌な気持ちになるようなことでなければ，どんなことでも書いてもいいんだという雰囲気をつくります。そのために，教師が簡単に書いた見本を読み上げます。すると，子どもたちは「そんなはちゃめちゃなストーリーでもいいんだ」と安心してストーリーを作ることができます。

　読む時間と書く時間を合わせて，2分ほどでしていますが，後半になって文が長くなってくると読み取るのが大変になるので，時間を延ばしていってもよいです。

　ストーリーを作ることに慣れてきたら，「そろそろ事件が起きそうだぞ」「そろそろお話も終わりに近づいてきました」などと，起承転結を意識できる声かけをしていくとよいです。

　また，でき上がったストーリーをいくつか読んであげると，とても盛り上がり，また，コラボして書きたいという気持ちが高まります。

  評価のポイント

　「なるほど！　そういう展開もありかあ」「うんうん。そうなるよね」「おお！　面白いなあ」とつぶやきで評価しながら机間巡視すると，子どもたちは刺激されて，書く意欲を高めます。

　友達の嫌がるようなことを書いたり，わざとストーリーが続かなくなるように書いたりする場合は，厳しく注意します。

　1人で考えたときには，想像もできないようなアイデアが生み出され，素晴らしいストーリーができ上がったことを評価し，自分のアイデアと友達のアイデアが合わさる楽しさを味わえるようにします

日常化のポイント

　回数を重ねるごとに子どもたちはコラボすることがうまくなっていきます。そのため，定期的に行うとよいです。例えば，○曜日の朝の会ではコラボストーリーをする。国語のウォーミングアップとして行う。と決めておくと，子どもたちは楽しみにするようになります。

　お題を工夫したり，コラボする友達を変えたりすることで，長く楽しむことができ，たくさんの友達とかかわることができます。

〈橋本　貴〉

20 神様！ヘルプ！！

■対象学年：4年生以上　■時間：5分　■準備物：ネームマグネット

 友達の力を借りたり，友達に力を貸したりして，かかわり合いながら目標に向かって活動する

アクティビティの概要

学習の目標にランクをつけるゲームです。授業の最後の確認問題や復習の時間に行います。「〇〇までできたら達人」，「さらに△△までできたら天才」，「□□までいったら神様」といった風に子どもの課題解決の目標にランクをつけます。「神様」になった子どもは，まだ神様になっていない子どもの丸付けをしたり，問題解決のためのヒントを出したりできます。課題解決が困難な子どもは「助けて！　神様！」と言って，友達の手助けを受けます。手助けを受けて「神様」にもなれます。

目標のレベルを細分化することによって，子どもたちは上の位を目指してがんばることができ，楽しい雰囲気の中で友達とかかわり合いながら学習を進めることができます。

進め方

（算数などの復習をするとき）

❶「君たちは今，まだまだ見習いです。ここからどんどん成長していきましょう」と言って黒板に【見習い】と書き，その下にネームマグネットを貼っていきます。

❷「この問題まで解けたら達人です」と言って黒板に【達人】と書きます。

❸「さらにこの問題まで解けたら天才です」と言って黒板に【天才】と書きます。

❹「この問題まで解けてしまったら神様です」と言って黒板に【神様】と書きます。

❺「1つずつ（1区切りずつ）問題を解けたら丸付けをします。丸を付けるのは，先生か，自分が【見習い】なら【達人】や【天才】などのランクが上の人です」

❻「問題が解けて丸をもらったらネームマグネットを動かしてランクアップです」

❼「わからない問題があれば【神様】などに，どんどん助けを求めましょう」

❽「まずは【達人】を目指し，クリアした人は【天才】，さらに【神様】になれるようにがんばっていきましょう」

❾【神様専用プリント】を用意し，【神様】が増えてきたらチャレンジさせます。

[アレンジ]

目標のランクをアニメのキャラクターに変えたり，歴史を習っている6年生では【武士】【大名】【将軍】などに変えたりしても盛り上がります。

 雰囲気づくりのポイント

- 丸付けをして正解のときは「よし！　レベルアップ！」と大げさに伝えてください。子どもたちはとてもいい笑顔になります。
- 友達の手助けをするときは「答え」じゃなく「ヒント」を教えるようにと伝えます。教えている友達が，ハッと気づくことができたり，なるほど！と思えたりできるような助言がいいと伝えます。手助けをすればするだけ，自分の理解もより深まっていくことも感じさせましょう。
- どんどん友達に頼っていいということを伝えます。その中で「教えてください」や「教えてくれてありがとう」など礼儀も大切にします。

 評価のポイント

まずは「一生懸命に自分で考えてみる」ことを大切にします。そこで壁にぶつかったとき，「わからないから教えてほしい」と素直に言える子は伸びる！と伝え，積極的に友達からヒントをもらい課題解決に取り組む姿勢を価値付けていきましょう。そして，「○○さんのおかげで【神様】になれた人がたくさんいるね」と，どんどんと自分のランクを上げていくだけでなく，たくさんの手助けを行い，友達のランクを上げることもできる子どもをほめてあげましょう。

日常化のポイント

この活動は算数の課題解決に用いたり，国語では意味調べで10個以上調べたら【天才】，15個以上なら【神様】とランクをつけたり，様々な教科で取り組むことができます。

ロールプレイングのゲームのように，目標に到達するとレベルアップができるという活動に子どもたちは目を輝かして取り組むことができます。その中で，友達を成長させる喜び，友達のおかげで成長できることの感謝を大切にすることを意識させましょう。そうすることで自分から仲間とともに成長しようとするあたたかい雰囲気をつくっていくことができると思います。

【参考文献】
中村健一著『つまらない普通の授業をおもしろくする！小ワザ&ミニゲーム集BEST57＋α』黎明書房　2015年

〈森　桂作〉

第 3 章 「ルールやマナーを守る雰囲気」を高めるペア&グループの学級アイスブレイク

覚えて！間違い探し！

- 対象学年：1〜3年生
- 時間：8〜10分
- 準備物：間違い探しに使う資料，プロジェクター，スクリーン

ねらい ルールを意識して協力しながら課題解決しようとする態度を育てる

アクティビティの概要

　グループの友達と協力して，スクリーンに映された資料と手元にある資料を見比べて，間違い探しをするゲームです。たくさんの間違いを見つけるために，作戦を考えたり役割を決めたりする中で自然と対話が生まれ，間違いを見つけていくうちにグループの一体感が高まるでしょう。

進め方

❶「これから，グループで協力して間違い探しをします。グループになりましょう」
（各グループに1枚ずつ資料を配布）

❷「今からスクリーンにイラストを映し出します。手元のイラストと見比べながら，できるだけ多くの間違いを探しましょう」

❸「スクリーンに40秒間だけイラストを映します。間違いを見つけたら手元のイラストにチェックをつけていきましょう。それでは，よーいスタート！」
（時間がきたら，スクリーンのイラストを消す）時間は，実態に応じて設定してください。

❹「2分後にもう一度スクリーンにイラストを映します。それまでに作戦を立ててください」
　作戦例：「イラストを4分割して，見るところを役割分担しよう」

資料例（スクリーン提示用）　　　　資料例（配布用）

058

[アレンジ]

スクリーンで見る時間を短くしたり，資料を漢字や数字表，都道府県表などを使ったりしてもよいでしょう。

2枚のイラストを印刷し，一方のイラストを40秒たったら伏せるようにすれば，スクリーンやプロジェクターを使わなくても取り組むことができます。

 雰囲気づくりのポイント

- 答え合わせをする際には，グループで見つけた答えを1つずつ発表させて確認していくと学級の一体感を高めることにもつながります。
- 作戦を立てたり，役割分担したりしているグループをしっかりほめることで，1人だけに頼るのでなく，協力して取り組むよさを実感できるようにします。
- 間違いを見つけた友達に「ナイス！」「いいね！」といった声かけをする子をほめ，楽しく活動するための反応もよくしていくと，より子どもたちのつながりも深まります。

 評価のポイント

グループで学習する際に，多くの意見を出し合いながら，協力して課題解決する態度が身に付くようにします。

- 作戦を考えたり，一生懸命に間違いを探したりできたか
- 仲よく協力して取り組むために，あたたかな反応ができたか

という，2つのことを意識してできているグループをほめ，楽しみながら協力して活動するよさを価値付けていきます。間違いを探すことができなかった子や意見を出せなかった子も，グループの友達と協力して一生懸命探そうと取り組んだ姿を大切にしたいです。

> **日常化のポイント**
>
> 子どもたちの生活の中で，1人では解決できないものがたくさんあります。アクティビティを通して，友達の考えに対してあたたかな反応を大切にし，協力して課題に取り組む姿勢を育てていきたいです。この活動を通して，学習や生活の中でも「この作戦でやってみよう」「それいいね。この作戦もうまくいったよ」などと，声をかけ合って自分たちで課題解決しようとする姿が見られることに期待したいところです。また，イラストではなく国語の漢字や理科の実験器具を表にして「覚えて！間違い探し！」を授業の導入に活用することもできます。

〈岩本理沙〉

名探偵！キーワードを探せ！

■対象学年：1～3年生　■時間：6～10分　■準備物：紙

ねらい 意見を出し合って解決する楽しさを感じながら，きまりを守りながら協力して学ぶ態度を育てる

アクティビティの概要

グループの中の1人がテーマに合う問題を1つ思い浮かべて紙に書きます（例：「テーマ」動物「キーワード」キリンなど）。他のメンバーは2分以内にできるだけ多く質問をし，キーワードを推理するゲームです。質問をするときや推理をするときに，「どのような情報が必要か」と考えたり，友達の質問によって得た情報をつなぎ合わせて考えたりすることで，情報収集，処理の力を鍛えます。また，推理する活動からは，意見を出し合う大切さを実感し，友達の質問や大事なことを聞き逃さないようによく聞こうとする態度を育てます。

進め方

❶「今からグループで名探偵ゲームをします。グループで1人代表を決めます。代表の人にはテーマに合わせてキーワードを考えてもらいます。他の人は探偵となってそれが何かを推理します」

❷教師がテーマを伝えます。
「代表の人は，テーマに合うキーワードを1つ考えて紙に書き，引き出しにしまいましょう」（例）「テーマは，動物です」動物がテーマの場合，キーワードは「キリン」「ゾウ」「ライオン」等が挙げられます。

❸「探偵のみなさんは，1分間で質問内容を相談したり作戦を立てたりしましょう」

❹「質問は順番に1人ずつしていきます」
ここで質問についてのルールを伝えておきます。
※答えを直接聞く質問はしてはいけません。
※質問には必ず正直に答えましょう。
※質問や答えが思い浮かばなかったときは，「パス」をしても構いません。

❺「質問タイムは，2分間です。できるだけたくさん質問をしましょう。スタート！」
（例）「空を飛びますか」「角はありますか」「何色ですか」など

❻「それでは1分間の推理タイムです」
探偵は，そろった情報をもとに話し合いながらキーワードを推理します。

❼「答え合わせの時間です。一度で見事に正解を当てることができたら名探偵です」

[アレンジ]

　高学年でする場合は，質問回数を限定したり，質問タイムを短くしたりすると難易度が上がって楽しいです。また，「はい」か「いいえ」で答えられるような質問をするという条件を付けたり，学習したことをテーマにしたりするのもよいでしょう。

雰囲気づくりのポイント

- はじめは，限定的なテーマでするとよいでしょう。慣れてきたら，幅広いテーマにすることで，協力して多くの質問をすることや推理するときの話し合いが重要となりグループの一体感を高めます。（限定的なテーマ例：動物，虫，お菓子／幅広いテーマ例：生き物，食べ物）
- 作戦を立てたり推理したりする活動では，「なるほど」「いいね」といった，あたたかな反応も大切にするように声かけをしていくと，意見を出しやすい雰囲気をつくることができます。
- 正解したチームがどのような質問をしていたのか，どのような作戦を立てたのか紹介してもらうことで，質問の仕方を学びます。また，よい作戦は，「名探偵団の心得」として掲示し，次回に活かせるようにしておくと，安心して活動に取り組むことができます。
- 正解できなかったチームも何でうまくいかなかったのか，次はどのような作戦を使うか，ふり返りの時間を設けると正解を目指して意欲的に協力して活動に取り組むことができます。

評価のポイント

　以下の4つの点でふり返りをします。
- 友達の話をよく聞くことができたか。
- 話し合って作戦を立てることができたか。
- 友達と助け合って取り組むことができたか。
- 意見を多く出し合うことができたか。

　「正解するために何に気をつけるか」「質問に困った人も楽しくできるためにどうすればよいか」を考えて，4つを大切にしている姿や意見をしっかりほめ，価値付けていきます。

日常化のポイント

　授業でも子どもたちが、友達の考えを聞くことや意見を出し合うことを大切にできるように、「名探偵団の心得は何かな？」と、声かけするとよいでしょう。質問したり情報を集めたりすることで解決できる楽しさを体験することで、話合い活動や調べ学習に積極的に活動できる子が見られると思います。また、教科学習の導入に取り入れることで、楽しみながら授業の復習を行うことができます。例えば、理科の導入でテーマ「春の生き物」とし、代表の子に「おたまじゃくし」や「桜」などのキーワードを考えさせることで、主体的に学習に向かう意欲を高められるでしょう。

〈岩本理沙〉

ジグザグしりとり

■対象学年：1～3年生　■時間：5分　■準備物：タイマー，もしくはストップウォッチ

ねらい お互いにルールやマナーを守る雰囲気や，友達と協力する雰囲気をつくる

アクティビティの概要

ペアの友達と協力して，どれだけしりとりを続けられたかを競うゲームです。しりとりとルールは同じですが，文字数を限定して行います。ペアでのしりとりを通して，学習中のルールやマナーを守る雰囲気や，友達と協力する雰囲気がつくられていきます。

進め方

❶「『ジグザグしりとり』というゲームをします」
❷「はじめの人は文字数が2文字の言葉を言い，次の人は3文字の言葉を言います」
❸「また次の人は2文字の言葉，そのまた次の人は3文字の言葉でしりとりを続けていきます」
❹「例えば，『あ』で始まる2文字の言葉は何がありますか」
❺「（子ども）あり」
❻「そうですね。では先生は『り』で始まる3文字の言葉…『りんご』」
❼「『ご』で始まる2文字の言葉は何がありますか」
❽「（子ども）ごま」
❾「いいですね。このように1つの言葉が1ポイントで，制限時間内にたくさんポイントをゲットしたペアが優勝です」
❿「隣の人とペアになります。向かい合いましょう」
⓫「はじめは，廊下側の人からです。『い』で始まる2文字の言葉でスタートします。どれだけしりとりできるかな？」

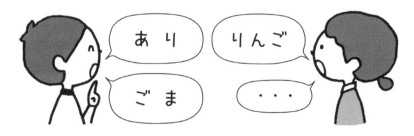

[アレンジ]
●レベルを上げて，文字数を「3文字」や「4文字」に限定すると難易度が上がります。

- テーマを決めて行うこともできます。例えば「食べ物」や「生き物」などに限定して行うこともできます。
- ペアを席が隣の友達だけでなく，前後の友達や斜めの友達，3人，4人など，いろいろ条件を変えていくと，いろいろな友達とかかわる機会を増やすことができます。

雰囲気づくりのポイント

- まずは，どんどん言葉を言ってしりとりをしようとしている子どもやペアをおおいにほめて，意欲を高めていきます。
- 「あー（驚き）」や「いいね（賞賛）」などの肯定的な反応していくように習慣付けていくと，友達の意見を受け入れる雰囲気で活動できるようになります。
- 文字のリズムに合わせて手を叩く活動を事前に行うと，文字数がいくつなのか捉えやすくなり，活動がスムーズに行えます。

評価のポイント

　この活動のねらいは，「お互いにルールやマナーを守る雰囲気や，友達と協力する雰囲気をつくる」ことです。活動中には，きちんと向かい合っているペアやアイコンタクトをして伝えているペアをほめていきます。また，積極的に言葉をつないでいこうとするペア，お互いに肯定的な反応をしながら活動できているペアの姿も取り上げ，全体で望ましいペア活動の姿を共有していきます。困っている友達に「甘くて，冷たくて，しばらくすると溶けてしまう物（アイスクリーム）」などと，ヒントをあげて協力していこうとする子どももぜひ取り上げていきたいところです。活動中，ペアの相手にヒントを教えてもらった子どもに「助けてもらってどう思ったか」を言葉で言わせます。「教えてもらって嬉しかった」や「助けてもらって，ありがとうと言いたい」，など友達から感謝の思いを聞くことで，自己有用感が高まり，ますます協力していこうとする雰囲気ができあがるでしょう。

日常化のポイント

　このゲームは，ルールがわかりやすく楽しみながら授業の導入場面や朝の会の活動場面などで行うことができます。休み時間やちょっとした隙間時間にも取り組みやすいです。
　この活動を繰り返すことで，お題に沿った答えをどんどん言う子やペアの友達にヒントをあげるなど協力する子が増え，学習でわからないところを教え合ったり，生活上の問題に対して協力して解決していったりする姿が増えます。ルールを守る，協力する雰囲気につながっていきます。

〈澤田孝志〉

24 力を合わせて漢字パズル

■対象学年：3年生以上　■時間：10分　■準備物：1年生学習漢字一覧表

ねらい　チームになって学ぶよさを体験し，お互いの意見を大切にしようとする雰囲気をつくる

アクティビティの概要

　小学校1年生の学習漢字全80字の中から二字熟語がいくつできるのかを考えるゲームです。1人→ペア→グループと課題解決に取り組む人数を増やすことで，1人では小さな力も友達と力を合わせることで大きな力になるということを学ぶことができます。教室のリーダー的な存在の子も，目立たない子もそれぞれの意見が合わさり大きな力となることがわかり，一人一人の意見を大切にしようという雰囲気をつくることができます。

進め方

❶「1年生の学習漢字全80字」が印字されたプリントを配ります。

1年生　学習漢字80

一	右	雨	円	王	音	下	火	花	貝	学	気	九	休	玉	金	空	月	犬	見
五	口	校	左	三	山	子	四	糸	字	耳	七	車	手	十	出	女	小	上	森
人	水	正	生	青	夕	石	赤	千	川	先	早	草	足	村	大	男	竹	中	虫
町	天	田	土	二	日	入	年	白	八	百	文	木	本	名	目	立	力	林	六

❷「これから漢字パズルゲームをします。配られたプリントに書かれている漢字を組み合わせて二字熟語を作ります。同じ漢字は使うことはできません。制限時間内にできるだけ多くの熟語を見つけてみましょう」

　※制限時間は学年，学級の実態に合わせて調整してください。

　（例）森＋林＝森林，　休＋日＝休日，　見＋学＝見学

❸「最初は1人で取り組みます。用意はじめ」

❹「次に，ペアで相談しながら考えても構いません。用意はじめ」

❺「最後に，班で相談しながら考えても構いません。用意はじめ」

❻（時間がきた後で）「そこまでで漢字パズルゲームを終わります。感想を発表しましょう」

［アレンジ］

　「山＋石＝岩」のように，漢字を合体させて別の漢字がいくつ作れるか，など，様々なバリエーションで漢字パズルを行うことができます。

雰囲気づくりのポイント

- ペア，グループで考える際には，新しく出てきた意見に対して「いいね，いいね」などの肯定的な反応をするように習慣付けることで，あたたかい雰囲気の中でゲームを進めることができます。
- 感想発表のときには，1人で取り組んでいたときと，班になって取り組んでいたときとのちがいを考えさせることが大切です。1人の力では難しいことでも，みんなの力を合わせると大きな力になることに気づかせることで，チームで取り組むよさが実感できます。そのためにも，1人，ペア，グループのそれぞれの段階で，見つけられた熟語の数を記録させておくと，チームの力を可視化することができます。
- 漢字の組み合わせ方を工夫することで，40通りの二字熟語をつくることが可能です。クラスに「みんなの力を合わせてすべての組み合わせを見つけよう」と投げかけると，クラスが一体となって取り組むことができ，課題解決の際には大きな達成感も味わうこともできます。

評価のポイント

　友達と協働して学びを深めていく上で大切なことは，お互いの意見を尊重し合うことです。ペアや，グループでの活動の際に，「友達との相談の中で新しいアイデアが生まれましたね」「1人では少ししか見つけられなかった熟語が，友達と力を合わせるとこんなにもたくさん見つけられたね」「お互いの意見を聞き合っていた雰囲気が最高でした」「全部の熟語の組み合わせを見つけられたのも，クラスみんなの力のおかげだね」などの声かけをすることで，チームになって学ぶよさが価値付けられていきます。特に，普段，目立たない子が活躍している場面を大きく取り上げて，一人一人の意見を大切にすることのよさを強調させたいものです。

日常化のポイント

　毎日の授業の中では，友達と協働して学びを深める機会がたくさんあります。そんなときに，「漢字パズルのときのようにみんなの力を合わせて，課題を解決していきたいですね」などの声かけをしていきます。発言力のある一部の子どもだけが，課題を解決していくのではなく，みんなの意見を大切にしながら力を合わせて課題を解決していこうという雰囲気を大切にすることをクラスのみんなで共有することが重要です。チームなって取り組むことで経験した成功体験を要所でふり返らせることで，子どもたちは自然に協働を意識して学習に取り組み，大きな学習効果を上げるようになっていきます。

〈細川順司〉

テレパシー〇〇

■対象学年：4年生以上　　■時間：10分　　■準備物：ノート，もしくは紙

 ルールを守って，みんなで学びを深め合っていこうとする雰囲気をつくる

🌀 アクティビティの概要

　グループの友達と協力して，お題から連想される答えをどんどん書いていき，教師と同じ答えをどれだけたくさん書けるかを競うゲームです。お題は「『さんずい』の漢字」や「アジアの国名」などあらゆるテーマをお題にできます。グループで協力しながらゲームに取り組むことで，学習中のルールやマナーを守る雰囲気がつくられていきます。

進め方

❶「『テレパシー〇〇』というゲームをします」
❷「今から先生が言うテーマについて思い浮かぶものをノートに書きます」
❸「例えば，さんずいの漢字にはどんなものがありますか」
❹（子どもに回答させる）
❺「そうですね。そのように答えを見つけて，たくさんノートに書いていきます」
❻「そして，ここにあるホワイトボードには，先生が『さんずいの漢字』を10個書いています」
　（「海」「活」「汽」「池」「泳」「温」「漢」「決」「湖」「波」など，さんずいの漢字を書いておく）
❼「制限時間内に，先生と同じ答えをたくさん見つけられたグループが優勝です」
❽「先生と同じ答え1つにつき，1ポイントゲットです」
❾「さあ，先生とうまくテレパシーできるかな？」

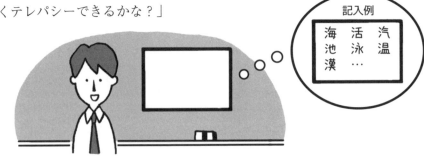

[アレンジ]
● お題をいろいろ変えていくことができます。お題については，国語なら「部首が〇〇の漢字」「『えん』と読む漢字」など，社会科なら「西日本の都道府県名」「『南アメリカ大陸』にある国名」などです。

- テレパシーの逆で「かぶっちゃ　やーよ！」と題して，教師と同じではない答えをたくさん書いた人を優勝とすることもできます。たまには子どもが思いつかなさそうな答えを教師が書くと，子どもも盛り上がりますので，いろいろと楽しんでみてください。

雰囲気づくりのポイント

- まずは，簡単なお題にして子どもがどんどん書いていけるようにします。そして，慣れてきたら難しいお題にしていくと，課題解決に向かおうとする子どもの意欲を高められるでしょう。
- はじめのうちは，ホワイトボードに教師の答えをたくさん書いておきます。テレパシーしてたくさんポイントを得られるようにすると子どもの意欲の向上につながります。そして，だんだん答えを減らしていくと難易度が上がっていきます。
- ホワイトボードに書いておく教師の答えの中に，「ラッキーワード」を入れておくようにします。その「ラッキーワード」を書いていたグループは，ボーナスポイントとして5ポイントにすると，子どもも盛り上がっていくでしょう。

評価のポイント

この活動のねらいは「ルールを守って，みんなで学びを深め合っていこうとする雰囲気をつくる」ことです。

一部の子どもだけで課題を解決するのだけでなく，グループのみんなが協力して活動に取り組むことができていたかを中心に評価します。活動中，それぞれの考えた意見を認め合いながら活動を進めているグループ，「いいね」などの肯定的な反応をしながら活動を進めているグループを取り上げ，全体に紹介することであたたかな雰囲気の中での学び方を共有することができます。

また，見事優勝することのできたグループに，考える秘訣をインタビューするのもよいでしょう。どうやったらグループでお互いに意見を出していけるかを共有するのが大切です。チームで取り組んだことによる達成感や，協力しながら学びを深めていくよさをふり返りながら，全体に学びを深め合うことのよさを価値付けていきたいところです。

> **日常化のポイント**
> 授業の終わりのふり返りとしても，テスト前の復習としても行えます。教科を問わず，子どもに定着させたい内容をお題として選ぶことで，教科の知識が増えるだけでなく，楽しみながら自然とみんなで学びを深めていこうとする態度が身に付きます。

【参考文献】
中村健一著『子どもも先生も思いっきり笑える73のネタ大放出！』黎明書房　2009年

〈澤田孝志〉

26 なりきり記者!! インタビュー形式でふり返り

■対象学年:4年生以上　■時間:5分　■準備物:鉛筆

ねらい　反応しながら友達の話を聞いたり，相手にわかりやすく話そうとしたりする雰囲気をつくる

アクティビティの概要

　授業の最初に，前時の授業で学んだことをペアで確認し合います。記者役は，「相手の意見を認める反応＋質問」のセットでインタビューします。答える人は，学んだことをわかりやすく伝えます。このやりとりを決められた時間内続けます。反応しながら友達の考えを聞いたり，相手を意識してわかりやすく話そうとしたりする姿が見られます。

進め方

❶ペアでじゃんけんをさせ，記者役の人とインタビューに答える人を決めさせます。
　「前の授業のふり返りをします。ただし，インタビュー形式です。じゃんけんで勝った人は記者役（インタビューする人）です。負けた人はインタビューに答える人です」

❷記者役の人は，前回の授業で学んだことを相手に質問します。その際，マイクとして鉛筆を使用させます。
　（例）「いつも，授業で大活躍の○○さん！　前の授業で学んだことを一言お願いします」

❸インタビューに答える人は，1文程度でわかりやすく答えます。
　（例）社会科の授業で行う場合　「伊能忠敬が，江戸時代に日本地図を作ったことです」

❹記者役の人は，相手の発言に対して「相手の意見を認める反応＋質問」でインタビューしていきます。
　（例）記者役　「なるほど，なるほど。もう少し詳しく教えてください」
　　　　答える人「伊能忠敬は，約17年かけて全国を測量し，日本地図を作りました」

❺記者役の人は，教師が指定した時間内でインタビューを続けます。
　（例）「いいね，いいね。他にもありますか？」

❻時間になったら，役を交代します。

[アレンジ]
　グループで行うこともできます。例えば，4人グループでは，記者役を3人と答える人を1人決めます。記者役の人は，順番にインタビューしていきます。囲み取材のような光景に，インタビューに答える人の気分は，もう有名人！

雰囲気づくりのポイント

「自分の話をみんなが聞いてくれる」という安心感は，子どもたちが様々な活動を行う上で，大きな心のエネルギーとなります。普段の生活で，友達の話を否定的に捉えるのではなく，わかろうとするあたたかい雰囲気を育んでいきたいです。また，笑顔でやりとりをするなど，子どもたちの表情も大切にしていきたいです。

- 活動の時間を最初は短くし，少しずつレベルを上げて長く設定することで，子どもたちのやる気をアップさせます。
- 最初は「相手の意見を認める反応」や「質問」の例をいくつか提示しておくと，子どもたちが安心して活動できます。
- 活動を始める前に，前時の学習の内容をふり返る時間（ノートや教科書を見る時間）を与えると，やりとりがスムーズにいきます。
- 最初にインタビューする際，相手のいいところを一言つけ加えさせると，笑顔で活動を始めることができます。

（例）・いつも，ノートをていねいにまとめている○○さん！
　　　・いつも，友達の発表をしっかり聞いている○○さん！

評価のポイント

反応しながら相手の考えを聞くことができたか，相手を意識してわかりやすく答えることができたかを中心に評価します。活動後に，子どもたちによかったところを尋ねると，さらに多くの評価の視点をみんなで共有することができ，あたたかい雰囲気がつくられていきます。

（例）・時間内途切れることなく会話が続いたか。
　　　・「相手の意見を認める反応＋質問」のセットでインタビューできたか。
　　　・笑顔でやりとりができたか。

日常化のポイント

授業の最初ではなく，最後に行うこともできます。また，授業だけではなく，朝の会や帰りの会など様々な場面で「質問コーナー」を取り入れることもできます。質問することや答えることに次第に慣れ，長く会話ができるようになります。

この活動を積み重ねることで，1日の中で子どもが自ら友達に鉛筆マイクをしている姿や「パシャパシャ」と手カメラをしている姿が見られ始めます。そのときは，教師が「おっ。何のインタビューかな!?」と取り上げると，楽しみながら継続することができます。

〈志満津征子〉

伝言ゲーム式！3ヒントクイズ

■対象学年：4年生以上　■時間：5〜10分　■準備物：ミニホワイトボードまたは紙，ペン

大事なことを落とさないように人の話を聞き，他の人に的確に伝えようとする雰囲気をつくる

アクティビティの概要

　3ヒントクイズを3人グループで行います。グループの中でヒントを聞きにくる順番を決めさせ，教師がこっそりとヒントを伝えます。自分が聞いたヒントをグループのメンバー伝え，3人でクイズの答えを考えます。3人のヒントが揃わないと，正解できないグループ対抗戦のクイズです。大切なキーワードをしっかり聞いて，友達に伝えようという責任感が生まれます。

進め方

❶ ルールの説明をします。
　「今から3ヒントクイズの説明をします。先生が3つのヒントを順番に出します。そのヒントから3人で答えを考えるゲームです。ヒントはすぐに伝えず，最後に伝え合います」

❷ ヒントを聞きにくる順番を決めさせます。
　「3人で相談して，ヒントを聞きにくる順番（ヒント①，②，③）を決めます」

❸ ヒント①を聞く人を教師の周りに集め，こっそりとヒントを伝えます。
　「1つ目のヒントを言います。ヒント①の人は，先生のまわりに来ます」
　（例）社会科の授業で行う場合　「ヒント①，征夷大将軍に任命されました」

❹ ヒント②，③も同様にします。
　（例）「ヒント②，天下統一を進めた人です」「ヒント③，江戸幕府と関係があります」

❺ それぞれのヒントを伝え合う時間を設定します。
　「ヒントを伝え合う時間です。自分のヒントをグループの人にこっそり伝えてください」

❻ グループ全員でクイズの答えを考えさせます。
　「みんなで答えを考えて，ホワイトボードに書いてください」

❼ クイズの回答を確認します。
　「答えを全員で言いながら，ホワイトボードを見せてください。せーの」
　（例）「徳川家康」

[アレンジ]

社会科や外国語活動など，様々な教科で楽しむことができます。
（例）1年生　国語の授業で行う場合
「ヒント①　最近習った漢字です」
「ヒント②　漢字の中に「口」が入っています」
「ヒント③　みんなが持っています」
「答え…『名』」

雰囲気づくりのポイント

「自分がヒントを伝えないと，クイズの回答がわからない」という状況を意図的につくることで，一人一人に責任感が生まれます。3人のヒントを合わせてクイズに正解することで，「自分の情報が人の役に立った」「みんなで力を合わせたから正解できた」という経験をたくさん積み重ねさせていきたいです。

- 活動を始める前に，聞いたヒントはすぐに伝えないこと，ヒントを伝え合う時間にはこっそり伝えることを約束しておきます。
- 自分のヒントを忘れてしまう子が中にはいるかもしれません。そのような場合は，「もう一度ヒントを聞きにおいで」と声をかけます。その際，「先生，そこを何とか，もう一度だけお願いします」など一言つけ加えるように伝えておくと，笑顔があふれます。

評価のポイント

自分のヒントをしっかり聞くことができたか，友達に正確に伝えることができたかを中心に評価します。ヒントを忘れてしまった友達がいた場合でも，相手を責めずに励ましたり，友達と協力して答えを考えたりしている姿を大切にしたいです。

> **日常化のポイント**
>
> 普段の生活の中でも，大事なことを落とさないように人の話を聞いたり，人に的確に伝えたりすることは重要なことです。朝の会の教師の話や子どものスピーチの後などに，「今の話を簡単に言うと，どうなる？　ペアの友達と話し合ってごらん」などと考えさせると，人の話を意識して聞いたり，的確に伝えようとしたりします。

〈志満津征子〉

お話かくれんぼ

■ 対象学年：4年生以上　■ 時間：10分　■ 準備物：タイマー

 友達の話を注意深く聞くことを大切にしたり，相手に伝わるように話したりしようとする意識をつくる

アクティビティの概要

4人の会話にかくされた「きまり」をグループで話し合って見つける活動です。友達の話を漠然と聞くのではなく，注意深く聞く態度を育てることができます。グループで話し合うことで楽しい雰囲気をつくることができます。

進め方

❶「今から『お話かくれんぼ』をします。4人程度のグループを作りましょう」
❷「出題グループが1つ，その他は解答グループです。出題グループには，先生が考えた4人の会話を読んでもらいます」
❸「解答グループは，出題グループの会話にかくされた『きまり』を見つけてください」
❹「出題グループの人は自分のせりふを決めてください」
❺「解答グループが『もういいかい？』と言ったら，出題グループが『もういいよ』と言って，話し始めてください」
❻会話を始めます。
　（例）A「今朝は，青空が広がって気持ちがよかったね」
　　　　B「わたしは，朝起きるのに苦労したわ！」
　　　　C「それは，あかんやろ！」
　　　　D「そうだね。明日から早く寝るようにしろ！」
❼グループごとに相談して，会話の中にかくれているきまりを見つけます。「もう一度聞きたいグループはありますか？」と聞き，どこかのグループが1つでも聞きたいと言えば，再度出題します。
❽話し合った答えをホワイトボードに書きます。
❾「答えは，色です」などと，答えを明示します。

　（例）A「『はるさめ』が食べたいなあ」　　　　（例）A「ガラスが散り散りに…！」
　　　　B「食べにいかない？」　　　　　　　　　　　B「割ったのは，ドイツだ？」
　　　　C「この辺は，避けようよ！」　　　　　　　　C「マリちゃんかな？」
　　　　D「いくらなんでもね〜」　　　　　　　　　　D「ちがうよ。カナだよ！」

[アレンジ]
- 解答グループは，わからなかったら，2度まで会話を聞き直すことができます。聞き直し1回目は，最初よりもゆっくり読みます。2回目は，きまりの部分を少し強調して読みます。
- ポイント制にすると，意欲を高めることができます。1回目で答えられたら高得点とし，2回目，3回目と聞く回数が増えていくにつれて，得点が下がっていくのも面白いです。

雰囲気づくりのポイント

- 簡単なものから始め，少しずつ難しくしていくとよいでしょう。慣れてくると，難しいものの方がとても盛り上がります。
- 「きまりを見つけるのは聞く力があるからです。逆に，友達に正解をさせるのは伝える力があるからです。そして，みんなで考えるから安心感があります」と，子どもたちに伝えることで，あたたかい雰囲気にしていきます。
- 会話文は，子どもたちに考えさせてみるのも面白いでしょう。問題を考える時間も，グループで意見を出し合い，あたたかい雰囲気にすることができます。

評価のポイント

ゲーム中や終わった後に，主に以下の2つのポイントを評価します。

> - 友達の話を，しっかりと聞くことができているか。
> - 友達にわかりやすく伝えるために，聞こえやすい声で言えているか。ヒントを出す（より伝わるように言う）ときには，強調するなど工夫することができているか。

ゲームの後に，子どもたちに「なぜ，かくれたきまりを見つけることができたのでしょう？」と問うと，「相手の話をしっかり聞いたから」といった意見が多く出てきます。しかし，グループでの話し合いを行う際，重要になるのはコミュニケーション力です。聞き手だけでなく，話し手の力も重要となります。「出題グループが相手に伝わる話し方をしてくれたから，かくれたきまりを見つけることができたのですね」と，両者を評価することで，様々な授業場面でも「話す」「聞く」を大切にした，あたたかい雰囲気をつくり出すことができます。

日常化のポイント

　このゲームを通して，友達の話を漠然と聞くのではなく，言葉に注目して聞く意識をもたせることができます。授業などの話し合いの場面で，友達の意見を引用した子どもがいた場合，プラスの評価を行い，価値付けていくことで，子どもたちのコミュニケーション能力も高めていくことができます。

〈鈴木勇介〉

29 つないで つないで ショートストーリー

■対象学年：4年生以上　■時間：10分　■準備物：タイマー

友達の話の内容を大切にしながら，決められた時間を守りながら協力して話し合おうとする雰囲気をつくる

アクティビティの概要

グループの中で順番に短文をつないで，物語を作っていくゲームです。前の人が使った言葉の中で，何か1つをキーワードとして自分のお話の中に取り入れながら，楽しく物語をつないでいきます。短文をつなぎながら文章を作っていく技能を身に付けることができます。また，全員が均等に話し合いに参加する雰囲気もつくることができます。相手の話を漠然と聞くのではなく，言葉に意識をしながら聞く態度を育てることができます。

進め方

❶「4人程度のグループを作りましょう」
❷「今から『つないで　つないで　ショートストーリー』をします」
❸「じゃんけんをして，勝った人がショートストーリーのはじめの一文を決めてください」
❹「じゃんけんで勝った人から，時計回りに一文ずつ話を作っていきます。ただし，次の人は，前の人の話の中に出てきた言葉を必ず入れた一文を考えます」
　（例）A「太郎は，昨日**焼肉**を食べに行きました」
　　　　B「近所においしい**焼肉**を食べられるところがなかったので，**車**で隣町の焼肉屋に行きました」
　　　　C「**車**の中で，とても**わくわく**していました」
　　　　D「なぜ，**わくわく**していたかというと，以前**テレビ**で紹介されたお店だったからです」
　　　　A「**テレビ**では，『塩タン』がおいしいと紹介されていました」
❺「ゲームをします。時間は3分間です。時間いっぱいお話が途切れないようつなぎましょう」
❻「3分間，お話をつなぐことができたグループは手を挙げましょう（拍手）」

[アレンジ]
- 前の話者が声を強調し、つないでいくキーワードを指定することで、盛り上がります。
- 学級の実態に合わせて、時間を調整するのもよいでしょう。
- 決められた時間内で何人が話をつないだかを数えさせることで、1人が短文でつないでいく意識をもたせやすくなります。

雰囲気づくりのポイント

- お話を作ることが苦手な子どもや想像力のない子どももいます。そのようなときには、パスをしてもよいことにすると安心して取り組むことができます。パスの回数を指定するなど、子どもたちの実態に応じてルールを変えていくと、楽しくゲームに取り組むことができます。
- 友達の使った言葉を使って話をつないでいくことは難しいことです。上手につながったときには、グループでハイタッチをすると、あたたかい雰囲気をつくることができます。(ハイタッチでなくても、「イェーイ！」「いいね。いいね。超いいね」などの合言葉を言うのも効果的です。)
- それぞれのグループでき上がったお話のあらすじを紹介し合い、学級全体でシェアすると笑顔があふれ、あたたかい雰囲気にすることができます。

評価のポイント

　ゲームが終わった後、「前の友達の使った言葉を使ってお話をつないでいくことができたということは、みんなが前の友達の言ったことを大切にできたということだね」などと、声かけをします。他者の考えを否定せず大切にすることの価値を伝えます。また、「誰か1人が長く話をするのではなく、みんなが短くてわかりやすく話ができたんだね」とほめて価値付けを行います。その他にも、ゲーム中に見つけた多様な話のつなげ方を紹介しほめます。

　例えば、「○○さんは、友達の話を詳しくしていたね」「○○さんは、『例えば』という言葉でつないでいたね」などと、話し合いを深めていく技能についてもほめることで増やしていくことができます。

> **日常化のポイント**
> 　話し合い、意見を深めていく活動の際には、なるべく短い文で意見を述べることや、全員参加の意識を身に付けることが大切です。このゲームを日々の学習の導入に取り入れることで、友達の話を大切にしたり、協力して話し合おうとしたりする雰囲気が習慣化されていきます。特に国語や学級活動の話合い活動の導入に有効です。

〈鈴木勇介〉

30 クイックQ＆A

■対象学年：5年生以上　■時間：5分　■準備物：なし

　集中して，積極的に話を聞こうとする態度を養う

🌀 アクティビティの概要

　ペアで向かい合い，教師の質問に対してどちらが早く答えられるのかを競うゲームです。外国語活動の導入に行うことで，簡単な英語表現に慣れ親しみながら「話す・聞く」のルールやマナーを身に付けることができます。また，外国語に限らず，社会の「歴史上の人物」や算数の「公式」など質問内容は他教科にわたって幅広く設定することも可能です。

進め方

　教師があらかじめ質問する数を知らせ，どちらが先に多くの質問に答えられるのかを競うゲームであることを知らせておきます。先に答えられた数を指でカウントさせると勝敗が明確になります。
　以下に例文を示しますが，学習の進度や学級の実態によって質問事項は変えるようにします。

❶「Make pairs.」ペアを作り，お互いに向い合って座らせます。
❷「Let's do quick Q & A.」「(子ども) Yeah!」元気のよい声でゲームを始めます。
❸「Question No.1.　Do you like (dog)?」「(子ども) Yes, I do./No, I don't.」
❹「Question No.2.　Which do you like (soccer or baseball)?」「(子ども) I like soccer.」
❺「Question No.3.　What (color) do you like?」「(子ども) I like red.」
❻「Question No.4.　How are you?」「(子ども) I'm (fine).」
❼「Question No.5.　How is the weather now?」「(子ども) It's cloudy.」
❽「Question No.6.　When is your birthday?」「(子ども) My birthday is November 28th.」
❾「Question No.7.　Can you (cook)?」「(子ども) Yes, I can./No, I can't.」
❿「Question No.8.　Do you have a (dog)?」「(子ども) Yes, I have./No, I haven't.」
⓫「Question No.9.　Where do you want to go?」「(子ども) I want to go to (America).」
⓬「Today's winner?」「(子ども) Yeah!」今日の勝者を挙手させ，拍手で終わります。
　（　　　）の中には，学習した英単語を幅広く使うことができます。

[アレンジ]

社会の授業では，「枕草子を書いた人」「（子ども）清少納言」

算数の授業では，「円の面積の公式」「（子ども）半径×半径×3.14」

等と，他教科の授業の導入にも幅広く応用することができます。

雰囲気づくりのポイント

- ある程度，学習の中で反復して使われた表現をもとに質問内容を組み立てることで，どの子も楽しんでゲームに参加できる雰囲気をつくります。
- 最初は，初めての質問事項に対して反応のスピードが遅くなることもありますが，回数を重ねていくうちに，子どもたちも慣れ，テンポよくゲームを進めることができるようになります。
- 「アイコンタクト」「スマイル」「リッスン」「クリアボイス」「トライ」などの活動中の約束を示しておくことで，ペアで活動する際のルールが自然に身に付いていきます。

評価のポイント

どんな学習の際にも，「聞く」ことは必要最低限の学習ルールとなります。「クイックQ&A」では，教師の質問内容を「聞く」ことと，ペアの友達とどちらが先に答えられたかを「聞く」ことが要求されます。そのためには，ペアの相手と正対しながら，教師の質問を聞き取るために耳を研ぎ澄ませて集中しなければいけません。最初の内は，「○○さんは，相手の目をじっと見つめながら正対していますね」「○○さんの集中して聞こうとしている姿が最高です」などと積極的な聞き方のできている子どもを具体的に評価していくことが大切です。よいモデルをしっかりと評価することで，教室の中にプラスの模倣が広がり，話を聞くときのルールやマナーが自然と定着するようになります。また，クイックQ&Aを外国語の授業の導入にルーティンとして行うことで，自然に簡単な英会話が身に付くようにもなるというメリットもあります。

> **日常化のポイント**
>
> 授業中，ペアになって話し合う場面ではいつでも「クイックQ&A」のペアの構えを思い出させるようにします。「正対して笑顔で」「相手と目を合わせる」等，普段から意識して習慣化させることで，積極的な聞き方が身に付きます。積極的な聞き方を身に付けることで，ペアでの話し合いだけではなく，グループや全体で話し合う際にも学習の深まりが期待できます。

〈細川順司〉

第 **4** 章 「あたたかな結びつきの雰囲気」を高めるペア&グループの学級アイスブレイク

 お別れスキップオニ

■対象学年:全学年　■時間:5〜10分　■準備物:なし

 自分の気持ちを伝えたり,相手の気持ちを理解したりしながら,友達とのかかわりを深め協力することのよさに気づく

アクティビティの概要

　子どもたちが手をつないで,スキップしながら鬼ごっこをするゲームです。鬼は2人組を作り,手をつなぎスキップしながら,スキップして逃げる友達を捕まえます。鬼が4人組になったら,2人ずつに分かれます。鬼がどんどん増えていくところが,このゲームの面白さです。このゲームでは,自分の気持ちを押し通すのではなく,手をつないでいる相手の気持ちを感じ取りながら動きます。相手の気持ちを大切にするという雰囲気を大切にすることで,かかわりを深めることができます。

進め方

❶ルール説明をします。
「今から『お別れスキップオニ』をします。鬼は2人組になって,手をつないでスキップしながら追いかけ,スキップして逃げる友達を捕まえます。鬼になった人は,必ず手をつなぐこと。手が離れてしまった状態で追いかけたり,捕まえることはできません」
「鬼は4人組になったら,2人ずつに分かれます。鬼が増えるということです。どんどん鬼が増えますよ!」
「鬼になったとき,仲間とどの人を捕まえるか,どの方向に捕まえに行くか自分の気持ちを伝えたり,相手の気持ちを考えながら動いたりすると,多くの人を捕まえられると思います。がんばってください」

❷鬼を決めます。(クラスの人数によって,鬼の数は決める)

❸ゲームを始めます。
「では,鬼の人が10秒数えるうちに,その他の人はスキップで逃げます。では,始めます」

❹ふり返ります。
「一緒に組んだ友達のよかったポイントをお互いに伝え合いましょう。後でどんなことを言ってもらったか聞きます」

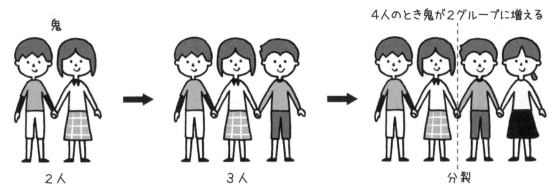

[アレンジ]
- **スキップふやしオニ**

鬼はペアにならずに，1人でスキップをして逃げる友達を捕まえます。捕まった人も鬼になり，鬼がどんどん増えていきます。学年やクラスの実態に応じて，工夫してください。

雰囲気づくりのポイント

- 友達同士のつながりがまだできていない状態で，友達と手をつなぐのはハードルが高いことです。クラスの状態によってアレンジコーナーでも紹介したように，手をつながないバージョンで始めてみるといいでしょう。ゲームに慣れてきたら，手つなぎバージョンにします。
- 鬼の2人組にも工夫できます。女子―女子，次は男子―女子と段階を経て取り組むことで，どの子も安心して取り組むことができます。

評価のポイント

ゲーム中に，友達に自分の気持ちを伝えたり，相手の気持ちを聞いたりして，友達と積極的にかかわろうとしている子どもを評価します。「手をつないでいると，自分の気持ちだけでは動けないので難しかったのではないでしょうか。しかし『集まっている，角に行こう！』とか『いいよ！！いくぞー！』とか，互いの気持ちを受け取ることができるみんなだから，協力して楽しんでできたね」と協力している姿勢をほめて，価値付けます。

日常化のポイント

準備するものがなく，簡単に始めることができるので，クラス遊びや体育の体ほぐしの運動に取り入れることができます。クラスのあたたかさを出すために，ふり返りの時間をとり「○○ちゃん，すごいね」「○○くん，やさしかったよ」という，尊敬し合う雰囲気にする教師の声かけや雰囲気が大切です。

〈鈴木香名〉

32 リズム de ○○

■対象学年：全学年　■時間：1～5分　■準備物：なし

ねらい リズムに乗せて声を出すことによって，一体感を感じ，あたたかい結びつきの雰囲気をつくる

アクティビティの概要

　グループになり，リズムに合わせて手拍子をしながら，友達の名前，都道府県，歴史上の人物などを繰り返し言っていくゲームです。シンプルなゲームですが，リズムに乗ることで自然と楽しい雰囲気になり，教室には笑顔が溢れます。

進め方

❶「3～4人グループを作り，円になってください。誰から始めるかも決めてください」
❷「テーマは『友達の名前をくん，さん付け』です」
❸「最初の人が友達の名前を言った後，全員で手拍子を2回します。その後，言われた名前を全員で繰り返して言います」
❹「名前を言われた人は，また別の友達の名前を言い，手拍子を2回した後，言われた名前を全員で繰り返して言います。これを何度も繰り返します」
❺「試しにやってみましょう」
❻「30秒間，リズムに乗って楽しくできたら全員でハイタッチをしましょう」

[アレンジ]

● **リズム de ○○ちゃん**
　全員を「ちゃん」付けで呼び合います。男女関係なく「ちゃん」付けなので少し恥ずかしがりながらもすごく盛り上がります。低学年にも，とてもおすすめです。

● **リズム de ニックネーム**
　自分で呼んでほしいニックネームを考え，発表した後，互いをニックネームで呼び合いながらゲームをします。考えつかない場合は，無理にニックネームでなくても構いません。

● **リズム de 歴史人物**
　フラッシュカードを活用しながら，1人が答えて全体で答える。社会の時間の冒頭などに使えます。都道府県，地図記号，県庁所在地，国旗なども同様に活用できます。

● **リズム de 数数え**
　リズムに乗りながら数字を順番に数えていきます。慣れてきたら，手拍子ではなく3の倍数を言った後は足踏み，5のつく数を言った後は指パッチンなど工夫すると盛り上がります。

●リズム de イングリッシュ
　数を英語で言うことはもちろん，月や曜日などを英語で言って繰り返すなど楽しみながら英語に触れることができます。

雰囲気づくりのポイント

　最初にデモンストレーションをしながら，ゲームの概要を実際にやりながら説明しましょう。どんなゲームをするときもそうですが，大切にすべきことはまずは教師が「楽しく，明るい雰囲気」をつくることです。このゲームは，アレンジも多彩にあり，覚えてしまえば簡単にできる非常にシンプルなゲームです。
　席替えをしたばかりのときや，班決めなどをした後など集団の関係性が薄いときなどに「名前」のゲームを取り入れると一気に距離が縮まります。また，授業の冒頭などで活用すると楽しく活気のある導入へとつながります。人間関係がある程度構築できてくれば，教室内を自由に歩き回り，グルーピングから始めても盛り上がります。声をかけ合い，あたたかい雰囲気の中でグループを作ることができたらすかさずほめることで，グルーピング後に行うゲームの価値を高めることができます。笑顔で楽しそうにやっているグループがあれば取り上げ，雰囲気のつくり方を全体で共有していきます。慣れてきたら，クラス全体でやっても盛り上がります。

評価のポイント

　このゲームのポイントはリズムに乗りながら「声を出す」ことです。教師は，教室全体を見渡しながら子どもたちがどんな風に声を出しているのかを見取ります。グループの一員として，声を出しながら活動に参加する姿を教師は認めたいところです。「男女関係なく積極的にかかわろうとする姿に感動しました」「グループ全員で声を合わせて言うことができていいね」など，子どもの意欲的な姿勢をすかさずほめるのがポイントです。教師の声かけ一つで，どんなゲームも「あたたかな結びつきをつくるアイテム」に変身します。子どもを乗せる声かけを常に意識したいですね。

日常化のポイント

　ゲームの後子どもたちに「グループ内の雰囲気の変化」について聞くと「友達との距離感が近くなった」「なんだかとっても安心した」という感想が返ってきました。休み時間にも簡単にできるゲームなので，やり方を覚えると男女関係なく教室でリズムに乗りながら楽しそうにゲームをする子どもたちの姿を見ることができます。あたたかい雰囲気，安心感のあるクラスは子どもたちにとって大変居心地のよい場所になるはずです。

〈湯澤竜太〉

ピタリでハイタッチ

■対象学年：1〜3年生　■時間：3〜5分　■準備物：イラスト用シート

自分のイメージを，相手にわかりやすく伝える方法を考え，うまく伝わる喜びを一緒に味わう

🌀 アクティビティの概要

　教師が示したテーマに合わせて，それぞれが自分なりに工夫してイラストを書きます。それをペアやグループの仲間に当ててもらうというゲームです。うまく描く必要なんてありません。描き手は相手に「伝えたい！」という思いをこめて書き，答える人は何としてでも「相手の思いを読み取りたい」と必死になって取り組みます。だからこそ自然に生まれるハイタッチや満面の笑み。伝わったときには喜びの，うまくいかなくても「あーそうか」という気づきの，いい雰囲気が生まれてきます。授業のはじめに取り組むことで，「共に学ぶ」という空気が教室にできあがります。

進め方

❶「先にイラストの描き手（出題者）と答える人（回答者）を決めましょう」
❷「答える人は伏せてください」
❸「今日のお題は〇〇している□□です。制限時間は1分。用意はじめ」
　（お題を板書し，タイマーをスタートする）
　（お題の例）相撲をしている"なぎちゃん"（勤務校のゆるキャラの名前）
❹「やめ。では，回答者のみなさん，どうぞ！」
　（回答時間30秒。回答者はどんどん答えを言っていく）
❺「時間です。それでは交代しましょう」（以下，繰り返し）

[アレンジ]
　このゲームは当初，中学年（3年生）向けに作ったゲームなのですが，進め方次第で様々な応用が可能です。実際，6年生で実践したときの方が盛り上がりました。

● 教科の学習の授業はじめに継続して行う
　題を「イラストDE理科」「特徴をつかめ！歴史人物」などとアレンジし，描くものを実験器具や動物，歴史上の人物などにします。

● ペアではなくグループで当てる
　少しお題を難しくして，4人グループの1人が描き手，残り全員が回答者になるというスタイルにすると，チームで体を寄せ合って考え，みんなで喜ぶ姿が見られます。

雰囲気づくりのポイント

　子どもたちの中には絵が得意な子，苦手な子がいると思います。しかし，このゲームで大切なのは「伝えたい！」という思いです。それが実現したときに喜びが爆発して，自然とスマイルやハイタッチが出てきます。そこですかさず「ナイスハイタッチ！」「ナイススマイル」と声をかけるようにすると，教室内にハイタッチが広がっていきます。うまくいってもいかなくても笑いが起きる，まるで魔法のようなゲームです。

　教室内にハイタッチが増えてきた頃には，
「このクラスはテレパシーを使える人が多いのかな」
「伝えたいという気持ちが絵にあらわれているから，こんなふうに伝わるね」
のように声かけをすると教室内の雰囲気はどんどん高まっていきます。

　また，子どもたちが書いているところを回りながら「なるほど…」「こりゃお題が難しかったかな」と，つぶやいてみると，回答者はもうワクワクして早く見たくてたまらなくなります。

 評価のポイント

　実際にやってみるとわかりますが，このゲームでは絵の技術はほとんど関係ありません。自分の見えたものやイメージしていることを「相手目線」でわかりやすいように工夫するところにポイントがあります。それと同時に，回答者には「相手が伝えたいことを読み取る」という力も必要になります。評価するときにも，そこを意識して言葉かけをするようにすると，ただの遊びではなく学びにつながる部分が多く出てきます。
（例）「なるほど，この工夫は相手に伝わりやすいね」
　　　「こうやって相手の立場に立って書けることって素晴らしいね」
　　　「○○くんは，この絵のどこからイメージできたの」
　うまく伝えられたという事実だけでなく，伝えようとしたその過程に注目して言葉をかけることもポイントです。

> **日常化のポイント**
>
> 　はじめは果物や動物などの簡単なものから始めると子どもがルールを簡単に理解できるのでおすすめです。まずは「ルールが簡単」「楽しそう」というイメージをもたせましょう。慣れてきたら，一度に書くイラストを1つから2つ，3つに増やしてみると難易度が上がりさらに面白くなります。教室にホワイトボードや白紙などを用意しておくと，授業でも取り入れやすく，隙間時間ができたときにもサッと使うことができます。

〈蜂谷太朗〉

34 計算ポイントじゃんけん

■対象学年：4年生以上　■時間：1〜3分　■準備物：なし

ねらい　じゃんけんで多くの友達と共に学ぶ喜びを味わうことで，あたたかな結びつきの雰囲気を高める

アクティビティの概要

あたたかい雰囲気づくりの第一歩として教室内に笑顔があふれることが大事だと考えています。ゲームの勝ち負けにかかわらず，クラス全体が笑顔いっぱいであたたかい雰囲気になるゲームとしておすすめなのが教室内を自由に動き回り，友達とじゃんけんをして勝っても負けてもあいこでもポイントをゲットできる，「計算ポイントじゃんけん」です。

進め方

❶「はじめの持ち点は1点です。これから教室を動き回っていろいろな人とじゃんけんをしましょう。勝ったら3点ゲットです。負けても1点ゲットできます。そして，あいこのときはなんとそれまでの得点が2倍になります」

❷「あいこのときは，お互いに喜びを分かち合うためにハイタッチをしましょう」

❸「30秒たったら先生が合図をするので席に戻りましょう」

❹（30秒後）「時間です。それでは，隣の人と点数を伝え合いましょう。多かったほうが勝ちです」

[アレンジ]

● 「勝ち」「負け」「あいこ」の場合の点数を変える

　低学年の場合，「あいこ」の2倍をなくし「勝ち」は2点，「負け」は1点，「あいこ」は10点など。

● メモ用紙や電卓を持って出かけてよいことにする

　レベルが上がってきたら，ポイントを大きくすることで迫力が増します。

● 相手が異性の場合は得点がアップする

　クラスの雰囲気によりますが，意図的に男女の交流をさせたいときにはこのような工夫もおすすめです。

● 勝敗の決め方を工夫する

　例えば，ペアやグループの合計点で競うようなゲームにしても面白いです。

雰囲気づくりのポイント

　このゲームに限りませんが，教師が楽しそうに進めることが雰囲気づくりで重要なポイントです。また，ルール説明を長くするのではなく，デモンストレーションをしながら簡単にルールを伝え，まずはやってみて質問を受けるような形でスタートするのがおすすめです。このゲームはルールがわかってしまえばとても簡単なので，すぐに活用でき，前述のとおり簡単にいろいろアレンジできるので，とても汎用性が高いゲームです。

　また，「勝ち」「負け」「あいこ」のときの点数を板書したり，掲示したりすることも成功のポイントです。「話を聞く」ことが苦手な子でも楽しめるような配慮です。

　「あいこの場合はハイタッチ」という約束がこのゲームのポイントなのですが，これを子どもたちにどう伝えるかというところにも雰囲気づくりのポイントがあります。「あいこの場合はハイタッチしましょう」と，普通に話してもできるクラスも多いと思いますが，高学年の場合なかなかそれがうまくできない場合も考えられます。そこで私はこのように言うようにしています。「あいこでポイントが2倍になって幸せな人は『ハイタッチ』で先生に教えてね！」

　ほんのわずかな違いですが，効果は抜群です。教室内に嬉しそうなハイタッチと満面の笑みが増えていきます

評価のポイント

　ゲームの中で「教師がどんな視点をもつか」が重要なポイントです。このゲームの場合，計算というステップがありますから，まずは全員がルールを理解して楽しんでいるかを見取る必要があります。また，自由に歩き回ることができるので，子ども同士の関係を見ることもできます。その場その場での「教師側のねらい」があると思うので，そこから考えて子どもたちの動きがどうかという視点で見ることができるといいですね。

　「○○くん，男女関係なくいろんな人と交流できているね」
　「さすが，○組。クラスのみんなが楽しめるように工夫してじゃんけんしているね」
　こんな言葉かけがおすすめです。多くの友達と「共に学ぶ」ことが第一のねらいですから，どれだけかかわっているかに重点を置いて言葉をかけたいですね。

> **日常化のポイント**
> 　遊びの中で，多くの子がかかわり，自然に学習の中でもかかわり合いが生まれます。ルールを理解させておくと，いつでもパッと使え，少し固い雰囲気のときに一瞬で教室が明るくなります。

〈蜂谷太朗〉

35 つないでお話リレー

- 対象学年：4年生以上
- 時間：10分
- 準備物：絵を数枚程度（なくてもOK）

物語を作ることを通して，つながる楽しさを実感し，あたたかな結びつきの雰囲気をつくる

アクティビティの概要

　あたたかい雰囲気づくりに必要な要素の1つとして子どもたち同士の「つながり」があります。言葉でつながり，動きでつながり，そして心でつながる。つないでお話リレーは，そんなつながりを意識して，1人一文を順番につないでいき，1つの物語を作るゲームです。前後の人との物語のつながりを考え，相手を意識しながら取り組みます。

進め方

❶「『つないでお話リレー』をします」
❷「今日のはじめの一文は『むかしむかし，あるところに〜』です。終わりの一文は『めでたし，めでたし』です」
❸「話す順番を決めてください」
❹「それでは，グループで話をつなげてみましょう。パスもありですが，最終的には1人2回は発表しましょう」
❺「グループで話をつなげて1つの物語を作ることはできましたか」
❻「作った物語を隣のグループと発表し合いましょう」

［アレンジ］
　はじめの一文，終わりの一文のアレンジは無限にあります。子どもたちが意欲的に考えることができるような文を取り入れるとより盛り上がります。また，慣れてきたら，順番は特に決めずに，話したい子が話すという子どもの主体性を促す方法を取るのもよいでしょう。

●新出漢字や熟語でお話リレー
　つないでお話リレーに縛りを設けます。新出漢字や熟語を入れて文章を作らなければいけません。漢字や熟語を使うので，この場合，事前に考える時間を取る必要があります。漢字や絵が使えそうな絵を提示してあげるとさらに効果的です。

●歴史人物紹介文を作ろう
　歴史上の人物を1人取り上げ，その人物の功績や関係する出来事など1人一文発表していき，物語形式で歴史上の人物の紹介をするゲームです。

●未来のクラスを想像してみよう

クラスのゴール（学級目標）に向かって，どんな風に過ごしていくのかクラスの未来を想像しながら物語を作っていきます。また，学年末などにクラスの1年間をふり返るクラスヒストリーをつなげてみても思い出をふり返ることができてなんだかほっこりします。

雰囲気づくりのポイント

どう話をつなげてよいかわからず，黙ってしまう子が出るかもしれません。そんなときは，パスをOKにしたり，始めや終わりの一文を担当させたりするなど「参加できているんだ」という安心感をもたせてあげることが大切です。慣れてきたら，まずは「どんな一文でもいいからつなげてみよう」と声をかけます。「何を言っても大丈夫」という安心感のある学級の雰囲気が根底にあれば，なかなか文を発表できない子も徐々に発表できるようになります。

さらに，この活動はグループ内だけでは終わりません。できた物語を近くのグループと発表し合うことで価値をさらに高めることができます。このグループ交流こそ認め合いのチャンスです。友達のよいところを探して伝え合うを行うなど，他者を理解しよう，認めようとする姿勢がそのままクラスのあたたかな雰囲気づくりにつながるはずです。

評価のポイント

このゲームのポイントは何より「つながる」ことです。グループ全員がストーリーや文脈を意識しながら話をつなげることができたかどうかも一つの評価になると思いますが，評価のポイントとして重きを置きたいのは「つながれたか」です。時には文脈を無視した文がでたり，話の内容を一変するような文が突如でたりするかもしれません。これもよいのではないでしょうか。かえって深く考えずに言った一文が話の方向性を変え，話がいい意味で「めちゃめちゃ」になり大盛り上がりすることもあります。「グループの仲間でつながれた」という事実を何よりも大切にし，教師が評価することが重要です。「つながれたこと」の素晴らしさをほめ，満足感を味わわせることでグループへの所属感も増し，「あたたかなつながり」が生まれます。

日常化のポイント

子ども同士がつながる場面は日常生活の中でたくさんあります。後ろの人にプリントを渡す際に，「はいどうぞ」「ありがとう」のやり取りがあるのとないのとでは「つながり」を視点に考えたときに大きな差があります。声かけ一つ，行動一つで友達とあたたかいつながりを築くことができます。「つながり」を感じることができた場面を取り上げ，そのときの気持ちを子どもに聞いてみると「なんかうれしかった」「心がホッとした」と答えます。このゲームと日常をリンクさせ，つながるよさを子どもたちに感じさせたいですね。

〈湯澤竜太〉

36 わたしは○○でしょう

■対象学年：４年生以上　■時間：５分　■準備物：歴史人物のフラッシュカード，カルタなど

ねらい 歴史人物に関する知識を深めつつクラスの仲間と交流し，あたたかな雰囲気をつくる

アクティビティの概要

　自分が持っているカードが何かを当てるゲームです。カードを頭の上におき，「はい」か「いいえ」で答えられる質問をしていきます。質問をやりとりすることで，自然とクラスの様々な友達との交流が生まれます。楽しい雰囲気の中，学習内容への理解を深めながら，自然と学級の友達と交流しようとする雰囲気が生まれます。班対抗で行うことで，グループでの一体感も生まれます。

進め方

　班に１セットの歴史人物のフラッシュカードやカルタを用意します。既習事項を活用できるカードをいくつか用意しておくといいです。

❶「カードが何か見ないように１人１枚カードを引き，頭の上にセットします」

❷「他の班の友達に『武士ですか？』，『ひげは生えていますか？』など『はい』か『いいえ』で答えられる質問をします。ただし，同じ友達に２回以上質問することはできません」

❸「自分が持っている歴史人物がわかった人は，先生のところにきて「私は○○です」と言います。正解の場合は，自分の班に戻って，新しいカードを引いてゲームの続きをします。不正解の場合，もう一度いろいろな友達に質問しにいきます。制限時間の中で正解したカードが多い班の優勝です」

[アレンジ]
- １枚のカードにつき，同じ友達に２回以上質問してはいけないルールをつけることで，様々な友達と交流が生まれます。

- 都道府県や外国語活動の授業で扱う単語，理科の実験器具，生活科で育てた野菜や，見つけ身の回りの生き物などの題材を扱うことで，他の学年でも同じような内容でアクティビティを行うことができます。

雰囲気づくりのポイント

- 子どもたちがカードの人物をほとんど知っていることがポイントです。ゲームを始める前に，クラス全体や班で歴史人物のカードを引いて，テンポよく声を出して読み上げるなどの復習をしてから行うと，歴史人物に苦手意識がある子も気持ちよくゲームに参加することができます。
- 実際に何人かに協力してもらいながら教師が子どもを相手にしてやってみせて，ゲームのイメージをもたせることも大切です。また，どんな質問をしたらいいか子どもたちに問いかけ，ゲーム中の質問の参考にさせるのもいいです。
- 自分のカードがわからなくても，「このカードは何だろう？」，「どんな質問をしようかな？」と悩むことがこのゲームの面白さであることを伝え，「わからなくても大丈夫」という安心感をもたせてゲームを行いましょう。
- 教師の答え合わせでは，市販されている「ピンポンブー」で正解，不正解を判定すると盛り上がります。

評価のポイント

- 男女関係なく質問している子や，自分から積極的にクラスの友達に声をかけている子などあたたかな雰囲気をつくっている子どもを認め，クラス全体に価値付けます。
- ゲームの終了後に，「何人くらいのクラスの友達に質問した？」と子どもたちに聞きます。子どもたちにクラスの仲間と交流することの楽しさを感じさせたいです。

日常化のポイント

　私のクラスでは，はじめは男子は男子，女子は女子で質問をし合っていることが気になりましたが，ゲームを通して自然と男女関係なくクラスの仲間とかかわる子どもが出てきました。そういう子どもたちの行動をどんどんほめます。教師が焦らず，少しずつクラスがあたたかい雰囲気になるように子どもたちを見守っていくことが大切です。
　歴史人物等のフラッシュカードやカルタは，このゲーム以外にも板書や日々の授業にも活用できます。手元にあると様々な活用方法があるのでおすすめです。

〈阿部大地〉

37 ペアde作図ラリー

■対象学年：4年生以上　■時間：3〜5分　■準備物：定規，三角定規，コンパス，分度器など

ねらい ペアで協力しながら作図を完成させることを通して，あたたかな結びつきをつくる

アクティビティの概要

作図の学習では，見通しをもって完成させるまで全て1人で行いますが，ペアと一つ一つの作業を交代しながら，まるでテニスのラリーのようにペアで完成を目指します。お互いに確認しながら作図を行うので，「こうするといいよ」「ここがわからないや。どうすればいいの？」などペアとの交流が行われます。ペアで協力しながら作図に取り組むことで，あたたかな結びつきが生まれ，教室にみんなで力を合わせて学習しようとする雰囲気をつくることができます。

進め方

❶ ペアに1枚，白紙の紙を配ります。
❷「これから『ペアde作図ラリー』という活動をします」
❸「今からペアで1枚，真っ白な紙を配ります。その紙にペアで1つの図形をかいてもらいます。例えば三角形を作図する場合，一辺ずつペアと交代しながら作図していきます。ペアでどんどんテニスのラリーのように交代しながら時間内に図を完成させましょう」
❹「作図を始める前に，ペアでどんな手順で行うのか，どんな道具を使うのかを見通しをもちましょう。図形が完成したら，辺の長さや角度を自分たちでチェックして，見事制限時間内に正確に作図することができたらペアでハイタッチします」
❺「お題は1辺が3cm，4cm，5cmの三角形です。制限時間は3分です。スタート！！」

[アレンジ]

子どもたちの実態に合わせて，罫線入りのワークシートや図形の一部がすでに書いてあるものを配るものいいと思います。グループで取り組むとペア以上に多様な考え方に触れることができ，様々な作図の方法を確認することができます。低学年でも新出漢字を1画ずつ交代しながら書く，筆算を交代しながら解くなど様々な学習の場面で活用できます。

雰囲気づくりのポイント

- 作図に入る前に，手順や使う道具の相談をペアで行わせ，見通しをもたせてから活動を始めるとスムーズに取り組むことができます。また，作図中でもわからないことがあれば，すぐにペアに聞けることを伝え安心感をもたせて活動させます。
- ペアが困っているときに，励ましの言葉を送ったり，作図のポイントを説明したりしていた子がいればすかさずほめます。そのようなペアは，「２人でどんどん伸びていくことができるね」という声かけを行い，クラス全体で「間違えることは恥ずかしいことではない」という雰囲気をつくり，のびのびと活動させることもポイントです。

 評価のポイント

　作図の完成度とともに，「どれだけペアと力を合わせていたか」が大切です。「作図を始める前に作図の方法を身ぶり手ぶりを使ってペアで丁寧に確認していたね」「ペアが困っているときにペアがわかるように説明していたね」「完成したときに２人で元気よくハイタッチできていたね」など教師が意識すると子どもたちも変わっていきます。子どもたちと同様に教師もゲーム中やゲーム終了後にあたたかな声かけを意識していきます。クラスの仲間と協力することの大切さに関する子どもたちの言動を認め，クラス全体に価値付けていくことで，結びつくことのよさを感じさせ教室中にあたたかな雰囲気を広げていきます。

> **日常化のポイント**
>
> 　この活動をアレンジして，漢字の練習の際に同じように一画ずつペアで交代して漢字を書いていけば，書き順や止めやはねなどの漢字を書くときのポイントをペアで確認することができます。また，かけ算の筆算などでも一つ一つの位ごとに計算して問題を解くというアレンジの仕方もできます。
>
> 　学校生活の中で，子どもたちが協力し合う場面はたくさんあります。様々な場面で，子どもたちの仲間と協力し合う姿や，結びつきを促す言動に注目していくことで，仲間との結びつきを大切にできる子どもたちを育てていきたいですね。

〈阿部大地〉

 **おしゃべりナイスバディ**

■ 対象学年：4年生以上　■ 時間：5分　■ 準備物：タイマー

 身体と頭をほぐし，相手が答えやすいような思いやりをもって表現したり質問したりする力を育てる

アクティビティの概要

聴き手は言葉で質問を行いますが，話し手は身体を使った"ジェスチャー"で質問に答え続ける変形のペアトークです。

進め方

※初めて行う場合は❶〜❸の流れを「デモンストレーション」しながら説明するとよいです。

❶「隣の席の人と，聴き手【A】と話し手【B】に分かれます。前半と後半で役割交代するのでどちらも経験することになります。どちらを先にやるか2人で決めてください」

❷「前半聴き手になった人は挙手しましょう。聴き手は"言葉"で質問をし続けます。話し手になった人は立ちましょう。話し手は身体を使った"ジェスチャー"で質問に答え続けます。言葉は使えません。1分間です。最初の質問は，日曜日何をしていましたか？です」

（例）A「日曜日何をしていましたか？」
　　　B（顎を何度か触った後に力を入れて何かを強く引っ張るジェスチャー）
　　　A「そのときの気持ちはどんな感じでしたか？」
　　　B（笑顔でガッツポーズ）
　　　A「特に印象に残ったエピソードを（身体を使って）教えてください」
　　　B（自分より身長が小さい人と大きな玉を転がして汗だくになった）…

❸「（1分後）拍手。聴き手【A】は伝わってきたことを"つまり"と要約して話し手に伝えます。話し手【B】はうまく伝わった部分をふり返ったり，うまく伝わらなかった部分を補足したりします。これは言葉を使ってOKですよ（笑）それでは1分間です。どうぞ」

（例）A「つまり…Bさんは昨日の学区民運動会で，綱引きで勝利し嬉しい気持ちになったんですよね。弟と一緒に来て，大玉転がしで汗だくになったのが思い出ですね？」
　　　B「綱引きに出場したのは僕じゃなくて，髭の生えたお父さんなんです！（笑）僕は応援していたんだけれど，一緒にいた弟が急に走り出して，鬼ごっこみたいになって，僕は弟を待てーって汗だくで追いかけていたのが日曜日の思い出でした」

❹「（1分後）ありがとうございました。役割を交代し後半をスタートします。後半，聴き手になった人は立ちましょう」役割を交代し❷〜❸を行います。

[アレンジ]
- おしゃべりオノマトペ

  質問に対して擬音語のみで答え続けます。ジェスチャーと組み合わせると楽しいです。
- おしゃべりイラストレーター

  質問に対してイラストを描いて答え続けます。ホワイトボードを活用するのがおすすめです。
- おしゃべりリコーダー

  質問に対してリコーダーを吹いて答え続けます。鍵盤ハーモニカやカスタネットでも可能です。

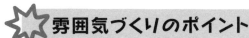
雰囲気づくりのポイント

- 初めて行う場合は，始める前に，ルールを説明しながら「デモンストレーション」を行いましょう。ジェスチャーで質問に答え続ける話し手を教師が大げさにやってみせるのもよいのですが，クラスのノリのよい子にモデルとしてやってもらうと，等身大のイメージが共有できます。始める前にひと笑いできて，雰囲気がとても和やかになります。
- 「はじめに話し手をするか，聴き手をするか」，「質問の具体例のカードを見るか，見ないか」，「擬音語も OK にするか，しないか」…等を，各ペアが自分たちで話し合って決めてよいことにするのも雰囲気づくりのポイントになります。

評価のポイント

　評価するポイントは2つです。1つ目は「身体で表現すること」です。ノリノリでジェスチャーをしている子もいれば，少し恥ずかしそうにしながらも懸命に伝えようとしている子も見られます。2つ目は「質問すること」です。ジェスチャーでも答えやすいようにと考えた質問をしている子を見つけたら，「どんな質問をするように心がけていたのか教えてくれる？」と問い，全体のふり返りの場で共有したいです。子どもたちの今現在のいろいろな様子を見取ることができます。その子なりに身体を使って伝えようとしている姿勢や，相手が答えやすいようにと思いやりをもってコミュニケーションを行う姿勢を認めてあげたいです。

日常化のポイント

　身体を使って表現したり，頭を使って質問を考えたりするので，教室の空気がドッと上がるアクティビティです。「相手によりよく伝えるためにはどうしたらよかったのだろう？」，「ジェスチャーでも答えやすい質問ってどんなものかな？」といった『ふり返り』を大切に扱うことで，表現活動の価値や質問の質について考えるきっかけにすることもできます。朝の時間に，国語の活動で，劇の練習で…ぜひ取り組んでみてください。

〈鈴木優太〉

39 何人ビンゴ〜！

■ 対象学年：4年生以上　■ 時間：15分　■ 準備物：ビンゴカード

ねらい 班の友達と考えた質問を通して友達への興味を広げ，友達と結びつくコミュニケーションの入口をつくる

アクティビティの概要

手持ちのカードに書いた「番号」と，質問に当てはまった「人数」が同じであれば，そのマスが有効となり印をつけることができるビンゴゲームを「班」対抗で行います。

進め方

❶「班で相談をして，クラスみんなへの質問を3つ以上書きます。ただし，調べる前に人数がわかってしまう質問はNGです。それでは，夏休みに関係のある質問を考えてみましょう。時間は3分間です。どうぞ」
（例）「夏休み中に花火をした人？」
　　　「夏休み中にプールに10回以上行った人？」
　　　「夏休み中にアイスで当たりが出た人？」など

❷「次に，班で相談をして，学級の人数の『1』〜『30』の好きな数字をビンゴカードに書き入れましょう」

❸「班の代表者が，教室のみんなに質問をします。代表者は毎回変わるようにします。それでは1班の代表者，質問をお願いします！」1班代表者が質問を発表します。

❹「…今の質問に当てはまった人は起立しましょう。1，2，3…4人ですね」

❺「合計人数の『4』がマスの中に書いてあった班はビンゴカードに花丸をつけましょう。おめでとうございます。他の班がした質問でも花丸をつけることができます」

❻「たて・よこ・ななめが一列にそろったらビンゴになります。10分後にビンゴが多かった班が優勝です。それでは，2班の代表者，続いての質問をどうぞ！」❹〜❻を繰り返します。

094

[アレンジ]
- 質問の内容を「冬休みに関係のあること」や「野外活動に関係のあること」のように限定し，長期休みや行事をふり返る一つのきっかけにするのもおすすめです。
- 質問に対して班の仲間と対話する時間を適宜設けましょう。
- 「質問をどの班も３回した時点での最多ビンゴ班が優勝です」や，「ファーストビンゴ班が出たら終了です」など，活動前に終わり方を明示するようにします。「もっと続けたいです！」となりがちですが，「お楽しみはまた今度♪」と割り切ることも大切です。

雰囲気づくりのポイント

- メモ帳や自由帳に質問やビンゴのマスを書いて行うこともできますが，「ビンゴカード」を作るとスムーズに活動を進めることができます。
- 人数は教師がテキパキと数えます。「15人でした。拍手〜！　それでは，○班の代表者，続いての質問をどうぞ！」という感じで，クイズ番組の司会者のようにテンポよく進めると，一層楽しく華やかな雰囲気になります。

評価のポイント

　一人一人の個の姿も大切にしたいですし，協同的に活動に取り組む集団の姿も大切にしたいと考えます。デジカメで写真にとったものを提示しながら，「身振り手振りを使って質問を伝えていた○○さんの一生懸命さが光っていました」，「こうやって頭と頭を近づけて夢中で質問を考え合う姿って素敵だと思うなぁ」，「ビンゴはできなかったけれど笑顔で活動していた○班，何かいい雰囲気だよねぇ」などと紹介しています。

日常化のポイント

　「班」で行うのがこのアクティビティの肝です。質問に当てはまる人が何人なのかを班の友達と予想しながら質問を考えます。「班内」でのコミュニケーションから「班外」，つまり「教室全体」の仲間とのコミュニケーションへと広がる点にこのアクティビティの価値があります。席替え直後に行うことで「班」の仲間との絆を深めることができます。

　質問の内容を「冬休みに関係のあること」や「野外活動に関係のあること」のようにテーマを限定し，長期休みや行事をふり返る一つのきっかけにするのもおすすめです。楽しく交流をしてからふり返りを書くことで，内容をより豊かなものにすることも期待できます。

【参考】
平成24年度新潟大学教育学部附属新潟小学校の公開授業で小林亨先生が朝の時間に取り組まれていた実践をアレンジしたものです。

〈鈴木優太〉

40 消しゴムゲットだぜ！

■対象学年：4年生以上　■時間：3〜5分　■準備物：消しゴム

ねらい クラスを安心できる場所にして子どもたちが互いにつながるきっかけをつくる

アクティビティの概要

朝，授業に向かう気持ちがまだ整っていない子どもたち。まだ勉強スイッチが入っていないなと思うときはありませんか。そんなときに，友達と一緒に楽しみながら，子どもたちの心を整えクラスをパッと明るい雰囲気にしたいときにおすすめのゲームです。2人の机の真ん中に消しゴムを置き，キーワードを聞いたときだけ消しゴムを取るゲームです。

進め方

❶ 2人ペアや班など取り組むグループを決め，2人の机の真ん中に消しゴムを1個置きます。

❷ ルールを伝えます。
- キーワードを聞くときは，頭に両手を置くこと。
- 片手でも指が全部離れたらお手付きになる。お手付きになった場合は，次のキーワードを言われるまでお休み。2人ともお手付きになった場合は，「ごめんねハイタッチ」をしてゲームに戻ることができる。
- お手付きキーワードに注意すること。（例）キーワード「大福」→「大仏」「大吉」など

❸ 練習をします。（教師が楽しみながら，盛り上げる）

「キーワードは『大福』です。いいですか。このキーワードを言ったときしか，消しゴムを取ってはいけません。お手付きキーワードもあるから，気をつけてね！　では，練習をしてみよう！」

「だ，だ，だ…大根！　今は大根だから，お手付きキーワードだったね。取っちゃいけないよ！　大丈夫だった？　もし1人がお手付きをしてしまった場合は，次に大福のキーワードが出てくるまでお休み。2人ともお手付きになってしまったら，『ごめんねハイタッチ』をしてゲームに戻るよ」

「だ，だ，だ…大仏！　おぉー引っかからなかった人，よく聞いてたね！　すごい！」

「だ，だ，だ…大吉！　みんなよく聞いてるなぁ。さすがだね」

「だ，だ，だ…大福！！　今のように，キーワードを言ったときだけ消しゴムを取ります。何回消しゴムを取ったか競います。数えておいてね。では本番を始めます」

❹ キーワードを変えて何度か行います。

[アレンジ]
- 英語でゲットだぜ！

 英語の学習の中で，アルファベットや単語を覚える際に取り入れることができます。アルファベットや単語をキーワードにすることで，楽しんで覚えることができます。

- たこたいゲーム

 体育の学習の準備運動に取り入れることができます。チーム名が自分のキーワードになります。たこチーム，たいチームを決め，自分のチーム名を聞いたときに相手チームを捕まえに行きます。捕まった人は相手チームに行かなければいけないというゲームです。最後に人数が多いチームが勝ちです。

雰囲気づくりのポイント

- 教師がまず楽しんで雰囲気づくりをすることで，「失敗しても大丈夫」「自分の気持ちを言っても大丈夫」と感じ，クラスが安心できる場になり，子どもたちが互いにつながっていくきっかけになります。声の強弱や表情，声色などに工夫すると，さらに盛り上がります。
- 失敗したときは「ごめん！」，相手が素早く取ったときは「すごい！」など，思ったことを素直に伝えると，ゲームが楽しく盛り上がるから力を貸してほしいと話しておきます。
- 「まだやりたい」と，わくわく感を残して終わらせることで，雨の日などの教室遊びで自分たちから遊びに取り組む姿が見られます。

評価のポイント

- 自分の思ったことを素直に表現することで，ゲームが楽しく進められるから協力してほしいと伝えます。子どもたちに「失敗しときには『ごめんね』，相手が早く取ったときには『早いね！』『すごい！』など，素直に伝えることができている人がいました。自分の気持ちが素直に言えるクラスの雰囲気が素敵ですね。どんどんクラスがあたたかい雰囲気になっている証拠です」と，気持ちを素直に表現した友達を認め合えることの大切さを伝え，評価します。
- 「キーワードを最後まで聞こう」と伝え，お手付きが少なくよく聞いていた姿を評価します。

日常化のポイント

 学習の第一歩は聞くこと。聞くことで考え，行動することができ，学習が広がっていきます。また，友達と互いの気持ちを伝え合うことでより学習が楽しいものになります。授業もこの雰囲気が大切なのだと伝えます。準備するものがなく，すぐに取り組める簡単なゲームなので，朝の時間，国語「聞くこと」の授業の雰囲気づくりにいかがですか。

〈鈴木香名〉

第5章 「自分たちで問題を解決する雰囲気」をつくるペア&グループの学級アイスブレイク

よい出しサークル！

■対象学年：全学年　■時間：5分　■準備物：トーキングスティック

ねらい　集団決定（自己決定）したことを目標に向かって，互いに認め合い，他者から受容される安心感とともに，挑戦しようとする意欲を高める

アクティビティの概要

互いに認め合い，他者から受容される安心感を高めるとともに，集団決定（自己決定）したことを目標として，挑戦しようとする意欲を高めることができます。

進め方

❶「これから『よい出しサークル！』をします。チームで輪になります。その中の1人に向けて，他のメンバーが順番によい出しをします」とルールを説明します。

❷「3～4人で輪になります。その中で，よい出しされる人を1人，決めます。トーキングスティックを持っている人が順番に，その人のよい出しをし続けます」とモデルを示します。

❸「もしも，何回も繰り返していくうちに，よい出しが思い浮かばないときもあるかもしれません。そのときは，やむを得ずのパスはありです」と確認します。

❹「それでは1回やってみましょう。時間は20秒です」と練習します。（20秒後）
「いくつよい出しができましたか？　実は，よい出しをするためには，その人のことを普段から見ている必要がありますね。だから，友達のよさに目を向けていきましょう」

❺「これから1分間の『よい出しサークル！』をします。その中で，心からよい出しをして，よい出しされる人をいい気分にさせてください。いくつくらいよい出しできそうですか。…（チーム内で相談する時間をとり，子どもの意見からチームで○つを目標とすることを確認する）目標に向けて挑戦しましょう」と目標を集団決定（自己決定）します。

❻「それでは，『よい出しサークル』用意，はじめ！」と実際にやってみます。

❼「目標は達成できましたか？　いくつ友達のよい出しができましたか？（挙手で確認をする）感想を発表しましょう」とふり返りをします。

［アレンジ］

よい出しは友達のことを中心に発表しますが，自分にとって嬉しかったことを輪番で発表し合うこともできます。もしも，人の嬉しかったことを自分のことのように共感するチームに育っていければ，とても素敵なことです。

雰囲気づくりのポイント

- ただ数を増やせばいいというわけではありません。普段から，友達のよさが見える目を養う必要があります。よい出しをするだけで雰囲気ができるのではなく，よい出しをするために，お互いのよさに目を向けることから雰囲気づくりが始まります。
- 友達のよさが見える目を養うための導入として，だまし絵などを使って，ものの見方・考え方の授業をすることもあります。「同じものを見ても，違うものに見えるときがあります。よさに目を向けていけば，自分も友達もいい気分になります」と伝えます。
- 普段はあまりかかわらない友達とチームになることもあります。「同じクラスになったのも運命です。いつも仲よくしなさいとは言いません。でも，お互いのよさを認め合う友達でいてほしいです」と話し，誰とでもよい出しができる環境設定をします。
- 数として目標を設定すると，目標を達成できなかったことで一喜一憂してしまう可能性があります。目標を達成することも大切ですが，それに向かって挑戦してよい出しをしたことにより，よい出しされていい気分を実感した子どもたちが増えればいいのです。

評価のポイント

- 誰がどんなよい出しをしたかが知りたい場合は，ホワイトボードに書く方法やチームに1つボイスレコーダーを置く方法もあります。「先生がまだ見えていないみなさんのよさを知りたいから，記録をとらせてくれますか」と子どもたちに承諾を得ましょう。
- ふり返りのとき，目標達成できていたら，その理由を聞いて価値付けましょう。でも，いつも目標達成できるとは限りません。そんなときは，次は友達をいい気分にするために，どんなことをがんばるのかを子どもたちから引き出しましょう。
- よい出しをされた子どもが，どんな気持ちになったのかを発表してもらうことで，活動のフィードバックになります。また繰り返し活動を行う中で，いい気分を実感した子どもたちの感想の質の変化を見取ることが大切です。それが安心感の指標になります。

日常化のポイント

各教科の学習の終末で，授業中に気付いた友達のよさを伝え合う機会を設定するのもいいでしょう。協同学習など，仲間同士のかかわりのある授業に取り組む中で，お互いのよさや課題に気付くことが大切です。意欲の土台は安心感です。その中でも，他者との関係性からの影響を受けるものが，他者受容感です。お互いに認め合い，他者受容感を満たす活動を継続的に行うことは，アクティブ・ラーニングを支える雰囲気につながります。

【参考文献】
桜井茂男著『学習意欲の心理学』誠信書房　1997年

〈髙橋健一〉

42 全員が鬼サバイバル！

■対象学年：全学年　■時間：5分　■準備物：コーン（範囲を決める目印）

ねらい　集団決定（自己決定）したことを目標として，全員で協力して達成しようという雰囲気を高める

アクティビティの概要

体育の準備運動として体をあたためるだけでなく，集団決定（自己決定）したことを目標として，全員で協力して達成しようという雰囲気を高めることができます。

進め方

❶「これから『全員が鬼サバイバル！』をします。氷鬼に似ています。全員がタッチして友達を座らせられるし，全員がタッチして友達を復活させられます」とルールを説明します。

❷「先生がAさんにタッチしたら，Aさんは座ります。でも，BさんがAさんにタッチしたら，Aさんは復活します。…ただ，自分が今，タッチして座らせた友達を，すぐにタッチして復活させることはできません」とモデルを示します。

❸「もしも，Aさんと先生が同時にタッチしたら，どうでしょう？　そんなときは，両方とも座ります。たくさんの友達を復活させてあげてください」と紛らわしい部分を確認します。

❹「それでは1回やってみましょう。時間は30秒です」と練習します。（30秒後）
「何人を復活させられましたか？　実は，復活させるためには，まず，たくさんの友達を座らせる必要がありますよね。だから最初から最後まで，サバイバル！は続きます」

❺「これから2分間の『全員が鬼サバイバル！』をします。その中でできるだけ多く友達を復活させてください。自分は何人くらい復活させられそうですか。…（近くの人と相談する時間をとり，子どもの意見から全員が〇人を目標とすることを確認する）全員で協力して目標を達成できるといいですね」と目標を集団決定（自己決定）します。

❻「それでは，『全員が鬼サバイバル！』用意，はじめ！」と実際にやってみます。

❼「目標は達成できましたか？　〇人を復活させられた人？（挙手で確認をする）友達と協力できたと思うことを発表しましょう」とふり返りをします。

[アレンジ]

氷鬼のルールであれば，1回タッチすれば復活となりますが，バナナ鬼のルールであれば，2回タッチして復活となります。協力して達成する目標を少しずつレベルアップしていくことで，難しい目標に挑戦しようという雰囲気につながるでしょう。

雰囲気づくりのポイント

- 「全員が〇人を復活させる」という，タッチしてもされても目標達成に近づくようなルール設定し，子どもたち全員が時間いっぱい全力で体を動かす状況をつくります。
- まだ目標達成していない子どもが座ってしまっているときには，本人が「まだ〇人しか復活させていないから…タッチしてほしい」と援助要請する場合もあります。もし，自分から言えそうにないときは，教師が「〇〇さん，まだ〇人だって」と声を出しましょう。
- 目標達成ができても，できなくても，タッチしたり，タッチされたりする中で，友達と協力することの大切さに気づいていきます。「〇〇さんがタッチしてくれて，嬉しかった」などの肯定的な感情に，教師が共感を示しましょう。

評価のポイント

- タッチする相手を選んでいては，全員で目標達成はできません。普段あまり話をしない友達にも自然とタッチする場面も見られるでしょう。そのような場面が見られたら，「誰とでも協力することができていた人がいました」と価値付けましょう。
- ふり返りのとき，目標達成できていたら，その理由を聞いて価値付けましょう。でも，いつも目標達成できるとは限りません。そんなときは，次は，どんなことをがんばるのかを子どもたちから引き出しましょう。
- 複数回の連続した活動を繰り返す中で，子どもたちの目標設定がどのように変化するかを見取ることも大切です。挑戦しようとする意欲は，自分ならできそうという期待とたくさんの人を復活させて協力したいという価値に支えられています。
- 「全員が目標達成するために，汗をたくさんかいて，一生懸命に活動していましたね。今，みなさん，どんな気分ですか。（何だか気持ちいい，がんばれたと思う…）そうですね。誰かのために一生懸命になるって，何だか気持ちいいし，達成感がありますね」と伝え，全員で挑戦することの大切さを価値付けます。

日常化のポイント

内発的学習意欲の発現プロセスでは，他者受容感，有能感，自己決定感を源にして，知的好奇心，達成，挑戦という形で内発的学習の現れが見られ，楽しさや満足を味わうことにつながるとされます。上記のプロセスは往還しており，そのことを意識しながら，単発の活動で終わりではなく，目標を少しずつ高くし，挑戦意欲を大切にしながら，繰り返し行えるといいです。それが，アクティブ・ラーニングを支える雰囲気につながります。

【参考文献】
桜井茂男著『学習意欲の心理学』誠信書房　1997年

〈髙橋健一〉

あー階段チャレンジ

■対象学年：全学年　■時間：5～7分　■準備物：なし

自分たちで決めた目標を達成するために友達と話し合うことを通して，自分たちで課題を解決しようとする態度を育てる

アクティビティの概要

　グループ内で順に声の音を高くして「あー」と言い，その言えた回数を数えます。前の人の声よりも低い声になったり，声が出なくなったりしたらチャレンジ終了です。1回目終了後，1回目よりも回数が増えるように作戦と目標回数をグループで決め，再度チャレンジします。話し合いで出た様々な意見や目標を自分たちで決定し，協力してチャレンジすることが自分たちで課題解決しようとする態度を育むことにつながります。

進め方

❶「これから『あー階段チャレンジ』を行います。グループで順番に「あー」と声を出し，回数とともに声を高くしていきます。1回目が終わったら2回目の回数目標と作戦を考え，再度行います。回数が1回目より増えていたらチャレンジ成功です」

❷「では，代表者1人を決めて手を挙げてください。その人から時計回りの順で行いましょう。1周したら2周，3週…と続けます。前の人よりも声が低くなったり，声が出なくなったりしたらチャレンジ終了です。最後に，『あー』と言った回数を確認しましょう」

❸「1回目の『あー階段チャレンジ』を始めます。用意，はじめ」（作戦なしで行う）

❹（全グループ終わったら）「今よりも回数を増やすにはどうすればいいですか。また，何回を目標にしますか。グループで作戦と目標回数を3分間で決めましょう」

❺「2回目の『あー階段チャレンジ』を始めます。用意，はじめ」

❻「自分たちで設定した目標回数を達成しましたか」と聞き，達成したグループを賞賛します。

❼「課題を達成するために気をつけたこと，できたことは何ですか」と活動をふり返ります。

❽子どもの発表を取り上げて，価値付けます。

[アレンジ]

●子どもは低い声より高い声の方が出しやすいため，高い声から下がっていくと，回数も増えます。慣れてきたら高い声から始めるか低い声から始めるか子どもに選ばせてもよいでしょう。

●「あー」の他にも行事と合わせて「協力～」「安全～」「気合いだ～」など，クラス全体で言葉を考えて行うと面白くなります。

雰囲気づくりのポイント

- グループで作戦を考えるときに,作戦が思い浮かばない子どもがいます。そのときには,全体で１,２つのアイデアを紹介し,イメージをもたせるといいでしょう。
- 課題達成したグループに「課題達成した理由は何かな」と問いかけましょう。「協力したから」「たくさんアイデアを出したから」等が返ってきます。そこで「友達と意見を出し合うのは大切なことだよね」「自分たちだけで課題を解決できるなんて素晴らしいことだね」と自分たちで課題解決していくことの価値を伝えることで,次のグループ活動の場面でも意識して話し合うようになります。
- この活動で大切なのは「回数を伸ばす」ことではありません。「自分たちで設定した目標を達成するために様々な意見や考えを自分たちで出し合い,決定すること」です。そこで,１つの方法が出たらよしとするのではなく,「目標が達成するための他の方法はないかな」と投げかけましょう。子どもたちは,声の高さで順番を決める,姿勢,足の開き等,様々な意見を出し合い,考えるようになります。

評価のポイント

　教師は,自分たちで課題を解決するために①自分の意見を友達に伝えようとしていた②友達の意見に共感しようとしていた③課題達成できる作戦を協力して決めようとしていたかを評価します。そのために,教師は「課題を達成するために気をつけたこと,また,できたことは何かな」と問いかけ,上記の３つの視点について「自分の意見を伝えられるということはよく考えたということだね」「笑顔でうなずいていると話す人も安心できるよね」「課題達成するためによりよい方法を友達と協力して決められたんだね」等の言葉がけをしながら価値付けをします。自分たちで課題を達成するために意見を出し合い,決定している姿を評価していきましょう。

日常化のポイント

　授業でのグループで考える場面や係活動,行事の決めごとの最初に「課題を達成するために気をつけることは何かな」と投げかけるとよいでしょう。子どもから「自分たちの意見を出し合うこと」「友達の意見に共感すること」「みんなで課題を達成できるものを決めること」といった答えが返ってきます。自分たちで課題を達成する心地よさや楽しさ,協力していくことの大切さを様々な場面で繰り返し確認していくことがポイントです。

〈秋山義紀〉

44 質問！都道府県当てゲーム

■対象学年：3年生以上　■時間：5分　■準備物：なし

自分の意見を友達に伝えたり，調べたりして答えを考える楽しさを味わい，進んで問題解決しようとする意欲を高める

アクティビティの概要

　代表者が選んだ都道府県を質問して当てていくゲームです。自分で考えた質問をそれぞれ友達に伝え合ったり，地図帳で共に調べ合ったりすることを通して，自分たちで問題解決する楽しさを味わいます。結果，問題解決をしていこうとする意欲を高めていくことができます。

進め方

❶「これから，代表者が選んだ都道府県を質問して当てていく『質問！都道府県当てゲーム』を始めます」

❷「グループで質問を1つ考えます。代表者は，質問に対して『はい』と『いいえ』のみで答えます。答えが1つしか出ない質問には答えられないので注意してください。制限時間は3分間です」

❸ 各グループで話し合い，質問を1つに絞ります。

❹「それでは，○グループから質問をしてください（代表者は質問に答えていく）」

❺（全グループの質問が終わったら）「グループごとに都道府県を1つ決め，順番に答えていきましょう」

❻「正解は○○（都道府県名）です」

❼「グループで今の話し合いについてふり返りましょう」

❽ 教師は机間指導をしながら，話し合いの仕方についてお互いに認め合っているグループを賞賛します。

［アレンジ］

● アレンジしやすいのがこのゲームの特徴の一つです。はじめにテーマや条件を設定すると子どもは質問を考えやすくなります。子どもの実態に合わせてテーマや条件を設定しましょう。

● 各教科で行うことができます。国語では『教科書に出てくる話』，理科では『用語』，音楽では『曲』，社会では『社会の教科書に出てくる人物』等，条件を提示し，復習も兼ねて授業始めに行うことも考えられます。

　（テーマの例）食べ物，遊び道具，学校行事，世界の国

　（条件設定の例）教室内にある物，今，目に見えている物，授業で使う物　　等

雰囲気づくりのポイント

- 自分たちで問題解決しようとすることがねらいのため、グループの相談にはできるだけ介入しないようにし、自分たちで話合いをさせます。ただし、個人を無視したり傷つけたりする場合にはその問題点を考えさせて指導します。
- 進んで友達に自分の意見を伝えている子どもや、地図帳を使って考えている子どもがいたら、「○○くんは、友達に自分の考えを伝えているよ」「○○さんは、友達と地図帳を使って考えているね」等、声かけするとよいでしょう。進んで問題解決している子どもの様子をクラス全体に広げていくと、他の子どもも問題解決しようと意欲的に活動していきます。
- 質問をするとき「それは、47都道府県のうち最も北にある都道府県ですか」「それは、埼玉県ですか」等、その質問が直接答えとなるものには答えられません。考えた質問も無駄になってしまいます。そこで、話し合う前に教師が質問を例示することや、机間指導で、質問が適切か確認するとよいでしょう。

評価のポイント

ふり返りの場面で子どもは「声の大きさがよかった」や、「わかりやすい説明だった」等、技術面に偏りがちになります。そこで子どもに「グループで相談するとき大切なことは何かな」と投げかけてみましょう。「友達と一所懸命考えようとすること」や「友達に考えを伝えようとすること」といった答えが子どもから返ってくるでしょう。そのようなときには、「参加しようとしている気持ちが自分たちで問題解決する上で大切だよね」「友達と協力しようとしたことが問題解決につながるよね」等、自分たちで進んで問題解決しようとしている気持ちを認めましょう。そして、自分たちで意見を出し合い、共に考えようとすることや、友達と進んで調べようとすることの大切さを、教師は全体の中で伝え、価値付けていきます。

日常化のポイント

普段の学校生活、授業でのグループ活動後やふり返りの場面で、「進んで解決しようとしていたか」について自己評価・他者評価をしていきます。

進んで解決していこうとする意欲を高めるためには、問題を解決したときのイメージをもたせることです。そこで、「問題を解決したときにはどんな気持ちになるかな」と投げかけます。子どもに問題を解決したときの気持ちを考えさせ、次の活動へとつなげることで日常化を図っていきましょう。

〈秋山義紀〉

 自分たちだけでできる!? 学習定着チェック!!

■対象学年:4年生以上　■時間:10分　■準備物:なし

 ねらい　単元の終わりに教師が提示した問題をグループで解決することを通して,自分たちだけでも課題を解決できるという自信をもたせる

アクティビティの概要

　算数の単元の終わりに,教師が文章題を子どもたちに提示します。子どもたちはグループで文章題を解き,グループ全員が解き方を説明できるようにします。文章題を全員が説明できるようになるためには,グループの一人一人が主体的に,友達と協力して課題の解決をしなければなりません。子どもたちはグループで文章題を説明できるようになる経験を積み重ね,「課題を自分たちだけでも解決できる」という自信をもつでしょう。

進め方

❶「これから,『学習定着チェック』を行います。今から黒板に書く問題をグループで協力して解きましょう。グループの全員が,『なぜその答えになるのか』説明できれば合格です。制限時間は7分間です。時間まで何度も説明の仕方を確認しましょう。もし困ったことがあれば手を挙げてください」

❷「問題を黒板に書きます。グループごとに始めてください」

❸教師は課題解決が難しそうなグループやトラブルが予想されるグループがないか,子どもたちを見守り,必要に応じて支援します。

❹「それでは時間になりました。発表できるグループはありますか?」と尋ねます。指名されたグループは,解き方を説明します。教師は必要に応じて,解説を加えます。

❺「グループで○○の言葉(○○の例:比例,速さなど)を使って説明できているか,確認しましょう」

❻「グループで話し合いながら,自分たちだけで解き方のポイントを見つけることができましたね」というように,「自分たちだけで取り組んだ体験」を積み重ねたことを評価します。

[アレンジ]

　1〜3年生では,個人の能力の差が大きかったり,人間関係に左右されやすかったりして,活動の成功が難しいときがあります。提示する問題はできるだけ難易度の低いものにするとよいでしょう。

　また「算数」にこだわらず,様々な教科で確認したい既習内容を提示し,出題することも可能です。

雰囲気づくりのポイント

　このワークのねらいは，「自分たちだけでも課題を解決できるという自信をもたせること」です。「できなかった」経験は，できるだけ避けた方がいいでしょう。提示する問題は，子どもたちの学習の理解度を見ながら，「グループで話し合えば，必ず解決できるもの」にします。このワークを繰り返す中で，子どもたちが成長してきたら，少しずつ問題の難易度をあげるといいでしょう。

　学級には学習の得意な子どももいれば，苦手な子どももいます。グループ設定を教師が行い，どのグループもこのワークが成立するように配慮します。解き方に行き詰まった場合は，「先生にヒントをもらう」「グループを解散して，他グループに入れてもらってもよい」など，事前に決めておくとよいでしょう。

評価のポイント

　課題を解決するためには，お互いの存在を受け止め合い，課題解決に取り組むことが大切です。「グループの友達の話をよく聞いていますね。がんばりが伝わってきますよ」「相手がわかりやすいように丁寧に説明していますね」など，相手のことを思いやって行動している姿を見つけ，評価します。

　また課題を解決するために，自分の考えや代案を提案する姿を見つけてほめていきます。学習の定着を図るワークですので意見が対立して課題解決が進まないことのないよう，言葉がけしていきます。「○○さんがこんな風にグループに提案していました」と学級で紹介して，自分の考えをどのように伝えるといいか共有するといいでしょう。

日常化のポイント

　普段の授業でも，学習内容を友達と確認する時間を設定します。その際，
- 確認する時間は，短めに設定してテンポよくする
- 相手はこちらで指定して（「隣の席の友達」等），安心感を保障する

ことが大切です。

　はじめは「予想」や「教師が話をしたこと」など，間違いにくいもので確認するようにします。子どもたちが慣れてきたら確認する内容や相談する人数などを変え，難易度をあげていくといいでしょう。

〈松下　崇〉

グループ対抗！理科クイズ

■対象学年：4年生以上　■時間：5分　■準備物：なし

前時に学習した内容をグループで確認することを通して，自分たちだけで課題を解決しようとする態度を育てる

アクティビティの概要

　授業の導入に，前時の学習の内容を教師がクイズ形式にして出題します。子どもたちはグループでクイズを解き，前時の学習の復習をすることを通して，学習に主体性と協働性を生み出します。グループでクイズに正解する経験を積み重ねながら，「課題を自分たちだけでも解決しよう」という態度を育てます。

進め方

❶「これから，『グループ対抗！理科クイズ』を行います。このクイズは，グループ対抗です。グループの誰もが答えられるよう相談してクイズに取り組んでください。問題は，今まで学習した内容から出題されます」

❷「それでは，『グループ対抗！理科クイズ』を始めま〜す！」と教師は教室の雰囲気が盛り上がるように笑顔で元気よく，子どもたちに伝えます。

❸「（例）第1問！　植物の発芽の条件は，『水，適当な温度』あと1つは何でしょう。答えを配布した解答用紙に大きく書きましょう。制限時間は10秒です」とクイズを出題します。子どもたちは相談して，クイズに取り組みます。

❹「解答の時間です。グループで1番出席番号の早い人は解答用紙を持って起立しましょう」と子どもたちに伝えます。

❺（子どもたちが起立したら）教師は，「解答用紙を頭の上にあげてください。せ〜の！」と声をかけます。（子どもたちは解答用紙を頭の上にあげる）

❻「答えは『空気』でした。全員正解！！　忘れてしまっていた友達にも，グループでしっかりと確認する姿がとてもよかったですね」というように，クイズの解答と一緒に取り組む姿勢についても評価します。

[アレンジ]

　1〜3年生は，「書く」作業は子どもたちに負担でしょう。記述式の解答をなるべく避け口頭での解答ができる問題づくりをするとよいでしょう。

　また「理科」にこだわらず，様々な教科で確認したい既習内容をクイズにし，出題することも可能です。

雰囲気づくりのポイント

　基本的に子どもたちはクイズが大好きです。「問題」「正解は…」と言った後，少し間を置く，正解を発表した後に盛り上げる等，クイズ番組などを参考にして演出を考えていきます。おもちゃなどで，正解音，不正解音がなるものなどもあります。探してみるとよいでしょう。

　一度問題を提示すると，子どもたちは一気に相談を始めると思います。混乱を避けるために，問題を提示する冒頭で，解答の方法を伝えます。解答の方法は，解答用紙に書く他に，「せ〜の！」とグループで一斉に解答する方法，4人同時に挙手したら解答できる方法もあります。子どもたちが「自分たちで問題を解決する」ことができるよう，問題の提示の仕方に気をつけるとよいでしょう。

評価のポイント

　グループで相談して，解答を決めるとなると，グループで一番学習の得意な子どもに，他の子どもが従うようになりがちです。「誰もが答えられるようにしましょう」とクイズの解答の仕方を設定することで，学習の得意な子どもは苦手な子どもに教えるようになります。「わかりやすく丁寧に教えていますね」「優しい口調で話し合えていますね」など，声かけするとよいでしょう。また教えてもらっている子どもにも「一生懸命話を聞こうとしていてすばらしいですね」「理由まで確認しているのがいいですね」など声をかけ，課題を解決する態度を育てます。

　解答を間違うと，グループの友達を責めることがあります。事前に「間違ったときは，『ドンマイ』と声をかけ合いましょう」など指導しておき，そういった姿が見られたときにクラス全体で共有します。「子どもたちだけで解決する」ということは，必ず「間違うこと」が起こります。そのとき，どのようにフォローし合いながら次の活動につなげていくかも大切です。

日常化のポイント

　毎回，教師が問題を作りそれを出題するとなると，意外と大変です。授業の最後に，子どもたちが学習のまとめとして「問題づくり」を行い，次の授業の最初にその中から出題するとよいでしょう。問題記入用紙を作成し，配付すると集約が簡単にできます。

　子どもたちの中でその流れを理解してくると，「本時の学び」を意識するようになり，より「深い学び」が促されます。どういった問題が良質な問題か，問題が選ばれる基準も合わせて提示すると，子どもたちはさらに思考を深めていくでしょう。

【参考文献】
中村健一編著『子どもも先生も思いっきり笑える爆笑授業の作り方72』黎明書房　2010年

〈松下　崇〉

漢字deスタート

■対象学年：4年生以上　■時間：7～10分　■準備物：漢字ドリル

リーダーの子を中心に，新出漢字を自分たちで学習することで，漢字を覚える意欲と自信をもたせる

アクティビティの概要

　国語の授業は，漢字の学習で開始しています。教師が新出漢字を範読し，子どもが追い読みをします。その後で，筆順指導を行います。教師が行っていた部分をリーダーに任せます。リーダーの子どもが漢字ドリルの新出漢字を音読します。みんなで声に出して読むことで，気持ちを合わせ，自分たちで学習を進め，課題を解決しようとする態度を高めます。

進め方

❶リーダーが漢字ドリルのページを指定し，読みます。子どもは（　　）のように教師の範読を追いかけて読みます。「【散】音読み：サン（音読み　サン）訓読み：ちる，ちらす（訓読み　ちる，ちらす）。使い方：花が散る（花が散る），散歩（散歩），火花を散らす（火花を散らす）。熟語：発散（発散），分散（分散），散会（散会）」

❷同じように今日学習する新出漢字3～5文字を読みます。

❸音読後，教師が筆順を指導します。新出漢字は「1，2，さーん，4，5，ろーく」のように長さに合わせた画数を言いながら大きく書きます。

❹教師と一緒に空書きをします。「『指を出して，空書き』です。サン，ハイ」

❺指書きをします。「机に3つ書きましょう」

❻ほとんどの子が終わったことを見計らい，筆順テストをします。「テストをします。ペアの筆順を確認しましょう」ペアで順番に見合います。

❼新出漢字指導が終わったらドリルに書き込みます。「丁寧にドリルに練習しましょう。時間は4分です」

[アレンジ]

　❻の空書きテストは，ペアで向き合い行ったり，互いの机に書いて，確認し合ったりすることもできます。また，❻のテストの前にペアで相談・練習タイムを入れ，難しいところや覚えにくい漢字を確認する時間を取るのもよいでしょう。

　1～3年生で行う際は，教師がリードする期間を少し長めに取れば十分実施可能です。

　タイマーで時間をセットし，ドリルへの書き込みまでが早く終わった子は，ノートやドリルの隙間に＋αの練習することを決めておくと時間差を埋めることができます。

雰囲気づくりのポイント

　普段から，音読を通し，みんなで声に出して読むことは楽しいという雰囲気をつくります。声に出して読むことの効果や「声がそろうと気持ちいいね」と感情を伝えます。

　教師が範読する際，抑揚を付けたり，漢字ドリルには載っていない例文を一言加えたりし，子どもがそれをそのまま真似して読むと雰囲気が和みます。

　また，❶と❷を子どもに任せる際，「自分たちで学習を進めることができると思うけれど，やってみませんか」と提案します。初回は，「日直さんのリードで，自分たちだけでできるなんてさすがです」と声をかけ，挑戦に対する肯定的な言葉かけをすることで自分たちで学習を進めることができたことを自信にします。

評価のポイント

　新出漢字は子どもの家庭学習に任せるだけでなく，授業で時間を取ります。ペアによる協働で，漢字を覚えるという目標を達成するために，覚え方のコツや間違いやすい部分を指摘し合うことを期待します。

　ペアで確認している際は，正しく書けているかどうかに加え，「相手がわかりやすいような覚え方を教えていますね」「間違いやすいところを確認し合いましたね」など相手のことを考えた行動や課題解決につながる声かけを行います。学年に応じて，ペアの個人名をあげたり，具体的な行動を評価したりします。

　また，❻の空書きテストの際，筆順が正しく書けているかを見て，できていない場合は，個人またはペア，班ごとに再テストを促すと緊張感が高まり，練習に熱を入れるようになります。

日常化のポイント

　国語の授業は漢字で開始する，次に音読，教科書とおよその流れを決めておきます。

　ある程度流れの決まった授業を繰り返すことで，子どもは漢字ドリルを開き，準備し始めるペアも出てきます。また，国語以外にも子どもの代表が読み，他の子どもたちが追い読みをする場面をつくっておくと子どものリードで学習をスタートすることができます。

〈近藤佳織〉

間違いはど〜こだ

■対象学年：4年生以上　■時間：5分　■準備物：ホワイトボード

ねらい 既習の誤答をペアで指摘することを通して，課題解決への自信をもたせる

アクティビティの概要

　授業の最初に教師が今までに学習した歴史上の人物，算数の公式，きまり，送り仮名の間違いやすい漢字，慣用句などの一部をわざと間違えて板書します。それを見てペアで相談し，間違いを指摘し，正しい答えをホワイトボードに書きます。自分がわからなくても相談しながら考え，正解を導き出し，解決への自信がもてる活動です。

進め方

❶ 教師がやり方を説明します。「これから出す問題には一部間違いがあります。ペア（または班）で相談して正しい答えをホワイトボードに書きましょう」
　問題を言いながら板書します。「金閣寺を建てたのは，足利尊氏だ」「平行四辺形の面積の公式は，底辺×高さ÷2」「<u>短かい歌</u>」

❷ 問題に応じて制限時間を伝えます。「時間は1分です。用意はじめ」

❸ 教師はペンが動いていないペア，相談が止まっているペアがないかを見て，「資料集で確認しているペアがありますね」と紹介したり，「建物か人物のどちらか1つが間違っています」など必要に応じヒントを出したりします。

❹ 時間になったら答え合わせをします。「正解は，金閣寺を建てたのは，足利…義満です」漢字表記の力もつけるため，答えは板書します。

[アレンジ]

　学級の実態や問題の難易度により，漢字表記でなくても○にする場合，正しい漢字表記でなければ×といったアレンジもできます。慣れてきたら子どもが問題を出し，他のペアが答えるようにすると自分たちで学習する雰囲気が高まります。

　1〜3年生で行う際は，九九，カタカナ，祝日の名称などがおすすめです。また，ホワイトボードに正しい答えを書くことが難しければ，答えを教師の合図でペアに言わせます。

　ペアでは，難しい場合や変化をつけたい際は，隣同士をペアA，4人班の前後のメンバーをペアB，斜めをペアCと決めておき，「今日はペアBです」と指示を出すとメンバーに変化がつき，新鮮です。

雰囲気づくりのポイント

　まずは，日常的にペアで話す，相談するとわかる，楽しいという体験ができる活動をしておき，ペアと話したことでわからなかった間違いに気づくという達成感を積んでいきます。

　数問出す場合は，難易度を上げたり，ボードに書く人の順番を決めたりするなど役割分担を促すと協働するようになったり，悩む子に適切なヒントの出し方を工夫する子が出ます。

　教師が子どもたちの活動の様子を笑顔で見守ったり，試行錯誤の姿を認めたりすることも大切なポイントです。

評価のポイント

　国語であれば漢字，算数は計算，公式，算数用語…と様々な教科で活用できるゲームです。歴史人物名は正しく漢字で書けているか，漢字の間違い探しであれば，「仕事」「吉」「苦しい」のように画の長い短いが明確かどうかまでチェックします。

　こうしたことをゲーム感覚で繰り返すと，子どもは漢字ミニテストや練習時に画の長さを意識するようになります。自分で発表するなどアウトプットしたことは忘れにくいと言われています。相談して間違いを指摘する，ペアが見守る中で正しく書くことで学習内容を定着させることもねらいます。

　ペアで協働するため，2人でボードを囲み相談する姿に「知恵を出し合っていますね」，書いたり消したりメモしたりしているペアには「何度も書いています。試行錯誤が大切ですね」と声をかけます。相談し，答えを出す，間違いを指摘し合う姿を教師が価値付け，繰り返すことで，相談することはよいことだ，知恵を出し合うとわかる経験を積み重ねます。

　ペアによっては，なかなか会話が進まない，間違いが探せないところもあります。ペアに任せて考えさせることも大事ですが，わからないことが続くと意欲をなくす子もいますので，ペアによっては，ヒントを出し，その場から離れる等の支援も行うとよいでしょう。

日常化のポイント

　授業の開始5分に前時の復習や既習事項の定着をかねて毎時間行うことができます。授業に限らず，普段からペアで話す，確認する，相談するといった話す活動を行うことで慣れさせていきます。その際，「同じくらい話す」「相手の考えを否定しない」といったクラスのペア活動ルールを共有し，安心して活動できる素地をつくっておくことが必要です。

〈近藤佳織〉

ミッション音読

■対象学年：4年生以上　■時間：5～10分　■準備物：タイマー

目的を共有し，目的を達成するために協力して取り組もうとする態度を育成する

アクティビティの概要

　教師が指定した文章を，一度も間違えたりつまったりせず，正確に読むことができればクリアです。グループのメンバーと一文交代で読みます。作戦タイム中に，読み方を確認したり，つまりやすいところを重点的に練習したりするなど課題解決のためにグループで工夫します。クリアしたら，「イエーイ」と言いながら拍手をして座ります。

　ミッションは，他にも「制限時間内に長い文章を読む『スピード読み』」「声を揃えて正確に読む『シンクロ読み』」などアレンジ可能です。

進め方

❶「音読をしましょう。ただの音読ではありませんよ。『ミッション音読・正確読み』です」

❷「今日は，○ページから○ページまでを読みます。グループのメンバーで，一文交代で読んでいきます」

❸「制限時間の○分内に，一度も間違えたり，つまったりせずに最後まで正しく読むことができたらクリアです。間違えたり，つまったりしたらスタートに戻ってやり直します」

❹「読む順番を決め，読み方を確認したり，練習したりする作戦タイムの時間を取ります。作戦タイムは，○分間です。作戦タイム，用意はじめ」

❺各グループで作戦を話し合います。

❻作戦タイム後
「クリアできたチームは拍手をして座ります。クリアできていなくてもタイマーが鳴ったら拍手をして座りましょう」

❼「立ちましょう。用意。はじめ」

[アレンジ]
初期は，詩を1行交代で読むというルールにするとわかりやすくなります。

雰囲気づくりのポイント

- 大切にしたいのは，作戦タイム中に自分たちで目的を達成するために協力することです。「ミッションをクリアするためには，どうすればよいのでしょうか」と問いかけ，読み方を教え合ったり，つまりやすいところを練習したりするなど，チームで解決するためには具体的にどうすればよいのかを確認しておくと見通しをもって活動できます。
- 最初は音読しやすい教材で体験したり，読む範囲，制限時間などを調整したりすることで，達成しやすい難易度にします。達成感が，自分たちで解決するモチベーションになるからです。子どもたちの実態に合わせて徐々に難易度を上げていくとよいです。難易度が上がるほど達成感は大きくなり，自分たちで解決する雰囲気がより高まります。
- 失敗をする子どもがいるかもしれません。自分たちで課題を解決していく雰囲気をつくるためには，失敗した友達にどのように声をかけたらよいのかを確認しておくことも大切です。そうしておくことで，安心してチャレンジできる雰囲気をつくっておきます。

評価のポイント

　作戦タイム中に，「読み方を確認し合っているね」「難しそうなところを練習しているね」など課題を解決するために行動している子どもたちに声をかけて評価します。

　活動後に感想を交流します。その際に，どのような行動が課題を解決するために大切であるのかをまとめます。例えば，「一人一人が自分の役割を果たそうとした」「作戦タイム中にチームで協力できた」などです。ミッションをクリアできないチームがあるかもしれませんが，解決できたことよりも，自分たちで解決しようとする姿勢や行動に着目して評価します。

> **日常化のポイント**
>
> 　音読は，国語科だけでなくいろいろな教科で取り組むことができます。前時のふり返りのために教科書の文章を音読するなど，この活動に取り組む機会はたくさんあります。
> 　また，この活動は目的を共有し，目的を達成するために協力して取り組む態度を育成することをねらいとしています。目的達成のための工夫や行動を見取ってしっかりとほめたり，目的を達成したことを教師も子どもたちと一緒に喜んだりします。そうした経験が，子どもたちの意欲を高め，主体性を促進させます。意図的にそのような機会を設定するようにします。

〈三村直樹〉

マッチングゲーム

■対象学年：4年生以上　■時間：5〜10分　■準備物：組になるカード，タイマー

ねらい 役割を意識しながら課題を解決することで，自分たちで課題解決する雰囲気をつくる

アクティビティの概要

音楽記号が書かれたカードとその意味が書かれたカードを準備します。神経衰弱の要領でマッチングさせていくゲームです。制限時間内にグループで全部めくることができたらクリアです。教え合ってもよいルールにすることで，自分の役割を意識して活動できるようにします。

| ♯ シャープ | 半音上げる | ♭ フラット | 半音下げる |

進め方

❶「マッチングゲームをしましょう」
❷「〇組のカードがあります。片方は音楽記号と名前が書かれたカード，もう一方には意味が書かれています」
❸「このカードをばらばらに裏返して机の上に並べ，神経衰弱のように1枚ずつめくり，ペアのカードを見つけていきます」
❹「グループですべてのカードを見つけることができたらクリアです」
❺「教え合ってもOKです。ただし，それができるのは，めくる人がお願いしたときだけです」
❻「制限時間は〇分です」
❼「質問はありませんか」
❽「めくる順番を決めて始めましょう。用意，はじめ」

[アレンジ]

音楽記号を例に挙げましたが，理科の道具のイラストとその名称，歴史人物と名前，漢字と読み方，計算式と答えなど，教科や学年に応じてカードの内容をアレンジすることができます。また，「わからないことは調べてもよい」というルールを付け加えると役割の幅が広がります。

雰囲気づくりのポイント

- 自分たちで課題解決するためには、ゴールとそこまでの見通しをもっていることが必要です。ゲームをする前に、正確にルールが理解できているか確認します。
- この活動は、困ったときに助けを求めたり、困っている友達を助けたりするなどの課題解決のために自分の役割を果たそうとする雰囲気をつくることをねらいとしています。ゲームの前に、「クリアするためにはどうしたらよいのでしょう。例えば、困っている友達がいたらどうしますか。自分がわからないことがあったときにはどうしますか」と問いかけ、課題解決のために具体的にどうすればよいのかを確認しておきます。
- 失敗をする子どもがいるかもしれません。自分たちで課題を解決するために、失敗した友達にどのように声をかけたらよいのかを確認しておき、安心してチャレンジできる雰囲気をつくっておきます。

評価のポイント

活動前に確認した、課題を解決するための行動が見られる子どもたちを活動中に評価します。

活動後に、「なぜ課題を解決することができたのでしょう」と問います。意見を交流する中で、「自分の役割を果たそうとする」、「困っている友達を助けようとする」、「失敗しても責めずに励ます」などのポイントをまとめ、自分たちで課題を解決しようとする姿勢や具体的な行動が、課題解決につながったことを評価します。

解決できないグループがあった場合は、「今回はクリアできなかったけれど、課題を解決するために役割を果たそうとする姿勢がすばらしかったよね」と言葉をかけ、解決までの過程に価値があることをおさえ、自分たちで課題を解決しようとする意欲を高めます。

日常化のポイント

授業中のグループ学習の中でも自分の役割を意識して活動している子どもに目を向け、肯定的に評価します。個人に対する声かけをしたり、学級全体で共有したりします。また、価値ある姿勢や行動が全体的に見られるようになったら、その姿勢や行動を短冊に書いて掲示するなどし、みんなの成長の足跡として残しておきます。残しておくことで、成長を確認したり、ふり返ったりすることができます。

〈三村直樹〉

おわりに

　本書の実践編を執筆したのは若手から中堅世代の，今のりにのっている実践家たちです。彼らの活動拠点によって，便宜的に，チーム関西，チーム砂場（鳥取県近辺），チーム関東，チーム横浜，チーム東海と呼んでいます。彼らは，いずれも地元でサークル活動などの自主的な勉強会を開催し，熱心に学んでいます。中には，講座を開いたり，また，講師として招聘されたり，書籍を書いたりしているメンバーもいます。いずれも劣らぬ注目の実践家たちです。

　しかし，私が彼らに執筆を依頼したのは，そうした「目立つ」活躍をしているからではありません。彼らの日常の実践がすばらしいのです。彼らの研修会には，自分の学校の同僚が多数参加します。この意味がおわかりでしょうか。どんなに，講座を開き，雑誌論文や書籍を書こうとも，同僚の目はごまかせません。

　子どもたちを高い指導性で引きつけていたとしても，同僚とコミュニケーションが取れなかったり，先輩や後輩に横柄な態度で接したりしていたら，同僚は勿論ですが，子どもたちはいずれは気がつきます。その教師が「ホンモノ」ではないことを。彼らは，職場でも信頼と支持を集める地元できちんと根を張っている教師たちなのです。

　「教育は人なり」と言います。教師の人柄が，子どもたちのモチベーションを上げる最強のツールであることは，研究的なエビデンスが示しています。彼らは，同僚を大事にします。研修会でよい情報に触れるとそれを職場で広めようとします。しかし，それは，「私の言うとおりやってみてください」というスタンスではなく，「いい話を聞いてきました。よかったら試してみてください」という謙虚な姿勢です。彼らは，研修会や書籍で学ぶと，すぐにそれをやってみます。そして，失敗しても人のせいにせず，次の一手を工夫します。だからこそ，学びを自分の実践力に転化することができたのだと思います。

　本書に書いてある内容は，けっして彼らが「見世物」として書いたものではなく，実際に自分のクラスで試して，「これは使える！」と実感したものばかりとなっています。必ずや，みなさんのクラスの雰囲気を豊かに活性化してくれることでしょう。

　さて，最後になりましたが，このシリーズも本書で『クラスを最高の雰囲気にする！目的別学級ゲーム＆ワーク50』（2015年），『クラスを最高の雰囲気にする！目的別朝の会・帰りの会アクティビティ50』（2016年）に続き，3冊目となりました。前2冊は，いずれも版を重ね好評をいただいています。これも，毎回優れた実践を寄せてくれる実践家のみなさんと，木山麻衣子さん（明治図書），そして何よりも，子どもたちのことを大切にし，よい集団を育てようとしている読者のみなさんのおかげです。心より感謝申し上げます。

2017年2月
赤坂真二

【執筆者一覧】（執筆順）

赤坂　真二	上越教育大学教職大学院教授
深見　太一	愛知県豊田市立加納小学校
成田　翔哉	愛知県大府市立共和西小学校
加藤　大輔	愛知県瀬戸市立陶原小学校
佐藤　慎一	愛知県大府市立共和西小学校
杉浦　遼平	愛知県東海市立加木屋南小学校
三好　真史	大阪府堺市立鳳南小学校
森　　桂作	大阪府大阪市立大道南小学校
江口　浩平	大阪府堺市立金岡南小学校
鍋田　宏祐	大阪府柏原市立堅下北小学校
橋本　　貴	大阪府岸和田市立浜小学校
岩本　理沙	鳥取県米子市立住吉小学校
澤田　孝志	鳥取県鳥取市立面影小学校
細川　順司	鳥取県鳥取市立面影小学校
志満津征子	鳥取県米子市立弓ヶ浜小学校
鈴木　勇介	鳥取県智頭町立智頭小学校
鈴木　香名	東京都目黒区立東山小学校
湯澤　竜太	埼玉県川口市立柳崎小学校
蜂谷　太朗	埼玉県川口市立柳崎小学校
阿部　大地	埼玉県川口市立柳崎小学校
鈴木　優太	宮城県仙台市立小学校
髙橋　健一	上越教育大学教職大学院
秋山　義紀	埼玉県川越市立仙波小学校
松下　　崇	神奈川県横浜市立川井小学校
近藤　佳織	新潟県魚沼市立広神西小学校
三村　直樹	鳥取県米子市立啓成小学校

【編著者紹介】
赤坂　真二（あかさか　しんじ）
1965年新潟県生まれ。上越教育大学教職大学院教授。学校心理士。「現場の教師を元気にしたい」と願い，研修や講演を実施して全国行脚。19年間の小学校勤務では，アドラー心理学的アプローチの学級経営に取り組み，子どものやる気と自信を高める学級づくりについて実践と研究を進めてきた。2008年４月から現所属。

【著　書】
『先生のためのアドラー心理学―勇気づけの学級づくり』（ほんの森出版，2010）
『教室に安心感をつくる』（ほんの森出版，2011）
『スペシャリスト直伝！　学級づくり成功の極意』（明治図書，2011）
『スペシャリスト直伝！　学級を最高のチームにする極意』（明治図書，2013）
『赤坂真二―エピソードで語る教師力の極意』（明治図書，2013）
『クラスを最高の雰囲気にする！目的別学級ゲーム＆ワーク50』（明治図書，2015）
『クラスを最高の雰囲気にする！目的別朝の会・帰りの会アクティビティ50』（明治図書，2016）
『スペシャリスト直伝！　成功する自治的集団を育てる学級づくりの極意』（明治図書，2016）
他多数

【本文イラスト】木村美穂

クラスを最高の雰囲気にする！
目的別学級＆授業アイスブレイク50
たった５分でアクティブ・ラーニングを盛り上げる！

2017年３月初版第１刷刊　Ⓒ編著者　赤　坂　真　二
2019年10月初版第５刷刊　　発行者　藤　原　光　政
　　　　　　　　　　　　　発行所　明治図書出版株式会社
　　　　　　　　　　　　　　　　　http://www.meijitosho.co.jp
　　　　　　　　　（企画）木山麻衣子（校正）吉田　茜
　　　　　　　　　　　　　〒114-0023　東京都北区滝野川7-46-1
　　　　　　　　　　　　　振替00160-5-151318　電話03(5907)6702
　　　　　　　　　　　　　ご注文窓口　電話03(5907)6668
＊検印省略　　　　　　　　組版所　株式会社ライラック
本書の無断コピーは，著作権・出版権にふれます。ご注意ください。

Printed in Japan　　　　　ISBN978-4-18-245332-8
もれなくクーポンがもらえる！読者アンケートはこちらから　→